3秒で心をつかみ
10分で信頼させる
聞き方・話し方

日本テレビ解説委員
小西美穂

Discover

はじめに

仕事や家庭、学校など、さまざまなシーンで、目上の人、社会的地位の高い人、過ごしている世界がまったく異なる人と一緒になり、「何を話せばいいのだろう？」と困ってしまうことはありませんか？

あるいは、気難しい人やシャイな人、なかなか本音を言ってくれない人と、会話が弾まずに途方に暮れてしまうような経験については、いかがでしょうか？

私にはそういった経験がたくさんあり、苦労や失敗を重ねてきました。

この本は、そうした私の経験から、**さまざまな相手とのコミュニケーションを円滑にし、良好な関係を築くためのコツやテクニック**をご紹介していくものです。

コミュニケーションに、特別な才能は必要ありません。ちょっとした意識や工夫で、誰でも身につけることができる「技術」です。このことは、私がキャスターという仕事を通じて、失敗を乗り越えながら強く実感してきたことです。

私は日本テレビの報道記者兼キャスターとして、2005年から『ズームイン!!サタデー』『NEWSリアルタイム』『深層NEWS』などに出演してきました。特に討論番組の司会を多く担当させていただき、12年間にわたって6つの番組（番組内のコーナー含む）を経験してきました。

さまざまな分野からゲストをお迎えし、話を聞いた方々は、延べ1700人を超えました。

安倍晋三首相をはじめ歴代総理大臣、政財界の大物、大学教授、エコノミスト。松本幸四郎さんなど俳優やタレント、さらには原辰徳前巨人軍監督やプロゴルファー青木功さんなどスポーツ界の著名人。そして医師、歴史学者、宇宙飛行士にいたるまで……。ほとんどが初対面の方々でした。テーマは政治、経済から医療、歴史、スポーツなど幅広く、まったくもって苦手なテーマもたくさんありました。

初めてお会いする相手と瞬時にコミュニケーションをとり、「生放送の1時間1本勝負」

という、撮り直しのきかない限られた時間で、ゲストの言いたいことや本音、魅力を引き出す。それがずっと私に求められてきた役割でした。

各界のエキスパートを相手に会話している中で、彼らの持っているコミュニケーションの「技術」を、目の前で体感したことが山ほどありました。

インタビューやゲストとの対談を重ねていくと、次第に、「ここさえ押さえれば、聞く力がアップする」というようなある種の法則のようなものが、自分なりに見つかりました。１７００人から話を聞くという経験があってこそ、わかってきたコツと言ってもいいでしょう。

「相手をいかにリラックスさせ、いい話や本音を引き出すか」
「なぜ一流の人は会話が上手いのか」

この2つを、ぜひとも、多くの方にお伝えしたいと思っています。

さらに、２０１７年6月から出演している夕方の報道番組『news every.』では、ニュースの疑問に答える「ナゼナニっ?」というコーナーを担当しています。

図やイラスト、映像を効果的に使いながら、**「相手に伝えたいことをコンパクトにわかりやすく伝える」ための技術**も日々の実践の中で磨いています。

また、私はキャスターになる前にロンドン特派員をつとめていましたが、このとき、元サッカー選手のデビッド・ベッカムの取材を担当しました。世界的スターで気軽に近づけなかったベッカム。その彼との距離を、私はちょっとしたコミュニケーションのテクニックを使って、縮めることに成功しました。この具体的テクニックとエピソードも本編で詳しくご紹介します。

キャスターをつとめながら、私がずっと試行錯誤し、一流の方の会話術を学びながら蓄積してきた技術は、これまで〝自分だけのもの〟として何冊ものノートに記録し、大切にしてきました。その中から、みなさんの生活にもお役に立てるのではないかと思う部分だけを取り出してご紹介するのが本書です。

職場でも、夫婦の間でも、「聞き方」「話し方」を変え、磨くことで、関係は劇的によくなるはずです。この本が、コミュニケーションに悩んでいる方や、さらに上手くなりたいと思っている方の一助になれば、うれしく思います。

小西美穂

もくじ

INTRODUCTION

PART 1

初対面の人の心を3秒でつかむ方法

COLUMN 1

小西流・緊張の解消法

PART 2

聞く力の磨き方

COLUMN 2

座る位置の工夫も「聞く力」

PART 3

話す力の磨き方

コミュニケーション成功の秘訣は「ほんわか」にあり

コミュニケーションの達人とは？

「コミュニケーションの達人」、あるいは「話の達人」と聞いて、どんな人を思い浮かべますか？

知識豊富で次から次へと話題を提供できる人。

理路整然とスマートに言葉を並べ立てて、周囲から尊敬される人。

キャスターになったばかりの頃の私は、「コミュニケーションの達人」をこんなふうにイメージし、知識を詰め込む勉強に力を入れていました。相手から何か聞かれたときにも、しっかりとした答えを返せるようにと、ガチガチに身構えて準備をしていました。自分を自分以上に見せようとしていたので、緊張する場面もよくありました。

でも、実際にゲストを迎えて多くの方々と会話をする番組づくりを進めていく中で、あるとき、それは違うと気づいたのです。

生放送終了後、スタッフから、「今日は回し（＝討論の進行）がよかったですよ」と褒められるとき。「期待以上にいい話を引き出せたなぁ！」と自分自身でも合格点を出せるとき。それらは決まって、私も相手も、両者ともに〝リラックス〟できていたときでした。

緊張せずに普段どおりの自分で話すことができた。
「今日はこれが言いたい」と思っていたことを、きちんと伝えられた。
相手も楽しく話し、聞いてくれた。
そんな実感を持てる会話ができたときには、目の前の相手に対して「また会いたい」というプラスの感情が生まれます。

つまり、「コミュニケーションの達人」とは、「また会いたい」と思わせる人。初対面であろうと、旧知の仲であろうと、「この人と話すと楽しい」「また次も会って話したい」と思わせられるかどうかが、とても大事なポイントなのです。

「また会いたい」を生み出す「ほんわか」

では、「また会いたい」という感情はどこからくるのでしょうか？

あなたはどういったときに、この人と「また会いたい」と思いますか？

知りたい分野の話題が豊富であるとか、共通の趣味があるといった直接的なメリットを感じられるとき、という場合もあるかもしれません。しかし、いちばんの決め手になると私が思うのは、ズバリ、「ほんわか」の演出です。


「ほんわか」とは、心がなごんで、のんびり、落ち着いた気分になること。日曜の昼下がり、飼い猫や飼い犬と陽だまりで寝転がっているとき。温泉につかって、「はぁ～」と思わず全身が緩むような感じです。


相手の不安や迷い、緊張を解きほぐして、気持ちよーくしゃべっていただく「ほんわか」した雰囲気をつくることこそが、トーク成功の秘訣。

すべては相手を「ほんわか」させられるかどうかにかかっていると思うのです。

「ほんわか」をつくり出すことこそ、まさに究極の会話のテクニック。

私の場合、「ほんわか」の演出は、生放送が始まる前、ゲストと出会った瞬間から始まっていました。名刺交換から始まり、約10分の打ち合わせを経て、スタジオに入り、ゲストと着席してオンエアのランプが点灯。番組の中では、相手との距離を縮め、相手の気分を徐々にあたため、生放送終了までの制限時間内に、胸襟を開いてもらえることに、ひたすら意識を集中していました。

そして、番組終了後に「あれ、こんな話までするつもりなかったのに、小西くんに聞かれて、今日はついついしゃべっちゃったなぁ」と言われるのが、最高の褒め言葉でした。もう完全に「ほんわか」が出来上がっちゃった状態。司会者としての、私の理想形です。

逆に、ありがちな失敗が、まだ相手の「ほんわか」が十分にできていないのに焦ってしまって、いきなり直球の質問を投げてしまったりするパターンです。

ビジネスの場でも、相手がまだリラックスした状態じゃないのに、いきなり「例の案件、ご検討の結果はいかがでしたか?」なんて、相手が身構えてしまう質問を投げてしまって、相手の心を瞬時に冷やしてしまったこと、ありませんか?

私もそうした失敗から、会話の温度は、いったん冷やしてしまうと、元に戻すのには時間がかかる、ということを学びました。

聞く力を左右する2つのテクニック

では、相手を「ほんわか」させる具体的なテクニックには、どういうものがあるでしょうか?

突き詰めて考えていくと、相手との間の空気の温度を上げるための最重要ポイントは「聞き方」です。

相手の話をいかに上手く「聞く」か。

「話を聞くだけ?　もうとっくにやっています」という声が聞こえてきそうですが、いえいえ、相手の話をきちんと聞くというのは意外にできていない方が多いものです。

さらに、**仮にしっかり聞いて理解していたとしても、それが相手に伝わっているかどうかは別問題です。**

「私はあなたの話をちゃんと聞いていますよ」というメッセージを、適度な表現とベストなタイミングで発信できて初めて、相手は満足してくれるのです。

相手に「自分の話を聞いてもらえた」という手ごたえを感じさせられるのが、本当の「聞く力」です。

そうした「聞く力」を磨くうえで欠かせないテクニックは大きく2つ。

「クッションワード」と**「知りたいオーラ」**です。

多くの方にとって、一方通行の会話はつまらないものです。

話し手は、自分の話している内容に、相手が興味を持っているかどうか、話しながら不安になるものです。だからこそ、会話に「クッション」を置いて、相手の話を受けとめつつ自分の話とつなげながら返せる方は、相手を安心させます。

クッションとは、「あなたの言うこと、聞いていますよ」という意思表示のこと。そんなに難しいことではありません。

「なるほど」「そうですね」「へぇー」といったあいづち。

あるいは、言葉を発しなくとも、大きく1回うなずくだけだって、立派なクッションになります。

会話の中にクッションがあるとないでは、会話の質が大きく変わるものです。

私たちはついつい、自分の言いたいことが先走り、うなずくこともせず、完全スルーした状態で次の話題に移ってしまったり、相手の話を途中でさえぎって質問を返したり、はたまた自分が関心のある別の話に飛ばしてしまったりしがちです。すると、相手は「聞いてもらえた」という手ごたえを感じることができず、「この人と話していてもつまらない」と感じて、会話が終わってしまうことさえあるのです。

「知りたいオーラ」は、「相手に興味を持つこと」と言い換えてもいいと思います。

つまり、**どんな話題でも興味を持って、「聞こう」という意識を持てるかどうか。**マインド、心構えです。

たとえば、知らない話が始まり、「それ、知らないです」と返すだけだと、会話は終わってしまいますよね。

「それ、どういうことですか」

「それって何ですか」

「えー、教えてください！」

と身を乗り出して聞く意識が持てるかどうかということです。

誰でも、相手が自分に興味を持って聞いてくれているか、「知りたいオーラ」を出してくれているかどうかは、自然にわかるものです。「知りたいオーラ」が伝わってくれば、話す側も、「もっと教えてあげよう」「もっと話してあげよう」という気持ちになって、話しやすくなります。そうやって知らないうちに会話はグングン弾んでいきます。

とはいえ、相手の話題に興味が持てないときもあるでしょう。でも、大切なお客さまだから、話を合わせて、いい気持ちにさせてあげなければいけない、そんなときはどうしたらいいのでしょうか？　そういったことを、これから詳しくお話ししていきます。

まずは、多くの方が困りがちな「初対面」のシーンですぐに活用できるテクニックから。次に、私がキャスターとしての実践で体得してきたコミュニケーションスキルの最重要ポイント、「聞く力」を磨くためのテクニックを。最後に、会話を上手に回しながら自分が言いたいことを伝え、相手に興味を持ってもらうための「話す力」についてご紹介します。

出会いの価値を、何倍、何十倍と高めて、あなたの毎日がもっと楽しく豊かになる。本書がそのきっかけになるよう、できるだけわかりやすくお伝えさせていただきます。

PART 1

初対面の人の心を3秒でつかむ方法

初めて会った人と会話をするとき、どんなふうに話しかけたらいいのだろう。初対面で打ち解けるには、どんな話題を選べばいいのだろう。

とりわけシャイなタイプの方ではなくても、誰しも戸惑った経験があるのではないでしょうか。

私の場合、番組にお呼びするゲストの大多数が初対面。しかも、生放送でテレビカメラが回る本番のトークまでに、10分あるかないか。ときには、本番直前、スタジオのテーブルに着いてから名刺交換し、生放送に入るということも少なくありませんでした。

だからといって、ぎこちないままのトークではいい番組になりません。

どんな相手でも、すぐに打ち解けてスムーズに会話を展開させるにはどうしたらいいか。数々の失敗を重ねながら私が身につけてきたポイントを大きく3つに分けると、次のようになります。

ポイント1）第一印象をポジティブに

ポイント2）共通点で距離を縮める

ポイント3）効果的な自己紹介を心がける

「第一印象をポジティブに」というのは、たとえば**名刺交換のときに添えるひとこと。そして、そのときの表情や身だしなみなど、細部に宿るテクニック**です。

私がお会いしてきたゲストの方々の中でも「あの方は素敵だったな」と特に印象に残っているのは、出会った瞬間から強いプラスのイメージのあった方々です。

さらに、初対面でもぐぐっと距離を縮めるのが「共通点」の話題です。**いかに共通点の芽を見つけ出し、言葉として発せられるか**によって、その後の打ち解け方がまったく変わってきます。

そして、自己紹介。**単に自分のプロフィールを説明するのではなく、「会話のきっかけ」をつくる仕掛けを盛り込む**ことが大切です。

初対面でもあっという間に打ち解けられる会話のコツ、早速まいりましょう！

PART 1

1

名刺交換では、3秒の〝感謝ワード〟を

名刺交換では、「○○社の○○です」などと名乗った後に、必ず短い言葉を付け加えてみてください。

お会いできて光栄です

○○からわざわざお越しいただいたそうですね

お話を聞くのを楽しみにしていました

これらはすべて、3～5秒で言える〝感謝ワード〟です。

シチュエーションにもよりますが、顔を見て、挨拶をした瞬間。つまり、名刺を交換して、**名刺を眺め、顔を上げた直後が肝心**です。

相手が時間を割いて自分と会ってくれていることに素直に感謝して、その気持ちを笑顔で伝えたとき、不快に思う人はいません。

初対面の場合、まさに「不快から始まらない」対面が大切です。

「気難しい人かもしれない」「暗いイメージだから心配だな」など、今日初めて会う相手がどんな人物かわからず、緊張しているのは相手も同じです。「不快から始まらない」対面は、「相手の緊張感を少しでも和らげてあげる対面」と言い換えてもいいかもしれません。

また、名刺交換の場面は、会話の糸口をつかむチャンスです。

名前や社名、会社の所在地、肩書などの情報が盛り込まれている名刺は、それだけで10分は話すことができる〝雑談テーマの宝庫〟です。私も名刺の情報を材料に話を運ぶことがよくあります。

そのときの基本は、笑顔と相手へのリスペクト。

心から思う気持ちであればどんな内容でもよいのです。

しかし、あまり冗長になると、本題までの時間を奪うどころか、会った途端にこびへつらっているように思われるリスクがあります。そこで、**初対面のときには、会う前に、相手への感謝の3秒程度のフレーズを考えておく。**

これが重要です。普段からいろんなパターンを自分で用意しておくのもいいでしょう。この人なら、このパターンで最初に3秒、感謝しようかな。出会いの前にそんな準備をしてはいかがでしょうか。

名刺交換では、顔を上げた直後、心から思う気持ちを伝える。

PART 1

2

〝3割増しの笑顔〟で心の扉を開く

初対面での笑顔には、2回目以降の対面の何倍もの「人の心を開く力」があると思います。

笑顔を心がけるだけで、グッと相手の親近感が増し、その後のコミュニケーションを円滑にする強力なパワーがあります。

私自身、相手のことをまだよく知らない状態の初対面では、ぎこちない時間が過ぎてしまったこともあり、「この堅苦しい雰囲気をどう柔らかくしようかな……」と案じているだけで眉間にしわが寄っていた、という失敗も多々ありました。

一方で、最初に顔を合わせた瞬間、ゲストから笑顔の挨拶をいただいただけで、魔法のように場の空気が一気に和やかに変わるという経験もたくさんありました。

プロゴルファーの青木功さんは、初対面の笑顔が素晴らしく、最も印象的だった方の一人です。

大物ゲストを迎える本番前、緊張しながら青木さんの控室にご挨拶にうかがうと、「よろしくね！」とひとこと、ニッコリ笑ってくださいました。それだけで、親近感が増しました。

そして、青木さんはスタジオに入るときも、迎えた大勢のスタッフを見回しながら、再び笑顔で「よろしくお願いします！」とご挨拶。それに応えるようにスタッフの間にも笑顔が広がり、一瞬にしてスタジオ全体に張りつめていた緊張を解いてしまいました。

いつもより口角を上げた状態で、練習してみましょう。

「こんにちは」

「よろしくお願いします！」

自分では「なんか気持ち悪いな」と思ってしまうかもしれませんが、人から見ると意外と違和感はないものです。緊張すると筋肉はこわばってしまうもの。

〝いつもの3割増し〟を意識するくらいでちょうどいい笑顔になります。

そして、笑顔をつくるのは自分から。

人は笑っている人に対しては警戒心を思わず解いて、親近感や信頼感を感じるもの。笑顔は、一瞬にして相手の心の扉を開く、まさに魔法のカギ。

3割増しの笑顔で相手の心の扉を開きましょう！

初対面での笑顔は
警戒心を解き、
親近感や信頼感を
与える。

PART 1

3

共通点がないか、事前に調べておく

初めて会った人と話すとき、どんな話題を選びますか？

もし相手のプロフィールなどの情報が事前に得られるのであれば、少しでも調べて準備しておくことで上手くいく場合があります。

ポイントは、「自分との共通点がないか」です。

自分のまったく知らない話から始められても、答えようがなく、なかなか会話が続かないことがありますよね。**共通点があるということは、「初めて会ったのにどこかでご縁があった」ということ**になり、前向きな気持ちで会話を始められますし、お互いの緊張を解くための好材料になり得ます。

手がかりになるのは、出身地や経歴。紹介してくれた共通の知人がいるのであれば、事前に情報を聞いておくのもいいでしょう。「大のゴルフ好き」といった誰もが知っている趣味がある方なら、初対面で触れても失礼にはならないと思います。

特に失敗がないのは「出身地」です。

ご出身は～ですか！　私も2年前に旅行で行きました。本当になんでも美味しくて、いいところですよね

というように、**必ず、プラスの感想を添えること。**ふるさとを褒められて、悪い気がする人はめったにいないと思います。

一方で、事前情報を得られないという場合もあると思います。その場合に役立つのが、名刺の情報です。名刺交換をしたときに会社の所在地を見て、一度でも行ったことがある場所でしたら、それを伝えるだけでも相手との距離が縮まります。

私の取引先が、御社の近くにあって、この辺り、よく行くんですよ

そうなんですか

どこでランチしていらっしゃいますか？
〇〇のハンバーグランチ、いつも行列ですよね！

そう、そう。美味しいよね。でももっと美味しい店があるよ

わー、教えてください！

というように、共通点は「共通の体験」をしていることになります。同じ店に行った、同じものが好きなど、どんどん前向きで具体的なことを聞いていけば、会話を弾ませていくことができます。

共通点が見つかった瞬間のリアクションも大事です。

「大阪出身です」と言われた瞬間にすかさず、「ええ〜!! お・お・さ・か？ 私も梅田支店で働いていたんです」とちょっとオーバー気味でも大丈夫。相手と共通点を見つけた

喜びを素直に表現するほうが効果的です。

ただし、そこから先、「阪神ファンですか、私もです！」などと盛り上がりすぎて本題にいけなくなってしまっては本末転倒。先に話すべき話題があるときには、「では、その話は後ほどゆっくりと」と置いておきましょう。

また、**バッグやネクタイ、スマートフォンのカバーケースなど相手の持ち物に着眼する**のもおすすめです。なぜなら、こういった普段身につけるものには、その人の「好きなもの」が表現されていることが多いからです。

ちなみに、私のアイフォンケースは豹柄ですが、同じく豹柄の何かを持っている方と出会うと、確実にテンションが上がります。

事前情報、名刺、持ち物といろいろな材料にアンテナを張っておくと、案外、初対面でも共通のものはすぐに見つかるはずです。

初対面の人には、「違うこと」からではなく、「同じこと」から入るべし。

お互いの心のドアをすっと開くために、共通点を見つけましょう。

初対面の人との
共通点を探し、
プラスの感想を添えて
伝える。

PART 1

4

自己紹介は「ネタ振り」あってこそ

初対面での自己紹介が苦手だ、という方は少なくないと思います。

商談で初めて会う取引先との一対一の挨拶をはじめ、人事異動の時期には新しい部署で大勢の前での自己紹介など、そのシーンは意外とよく訪れます。

特に、パーティーや社交の場で、「では、順番に自己紹介をお願いします」とマイクが回り始めたときには、自分の番がくるまで、何を言っていいのかドキドキ、緊張して気もそぞろ……なんてこともあるのではないでしょうか。

私も緊張するタイプなので、よくわかります。


そんな苦手意識を克服するために、私は、**どんな場合でも使える持ちネタを、2つ3つ用意しています。**

持ちネタといっても、プロの芸人さんではないのですから、笑わせる必要はありません。長く話したり、特別な話題を提供したりする必要もありません。

自己紹介のハードルは下げておくことがポイントです。上手く話そうとしなくても大丈夫です。

大切なのは、**「聞き手ファースト」**の視点。

自分が何を言いたいか、ではなく、相手の顔ぶれや年齢層を見て、使い分けられるネタを複数持っておくと安心です。

たとえば相手が親世代、年配層の場合、私はこう自分を紹介します。

私は小西美穂と申します。生まれは兵庫県加古川市で、実家は米穀店です。両親が、美しい稲穂のようにすくすく育ちますようにと、美穂と名付けてくれました

これだけで、親世代の方々は表情を緩ませ、うなずいて聞いてくださいます。きっと、ご自身のお子さんや、お孫さんの名前の由来に一瞬思いをめぐらせるのでしょう。

優しく微笑んでくださる方を見つけて、しっかり目と目を合わせるだけで、自分の緊張

が和らぎ、次のフレーズに乗っていきやすくなります。持ちネタの準備によって、「自分もリラックスできる」というのも大きなメリットです。

こうして、**話し手が「聞き手との共通点を提示＝目線合わせができる自己紹介」をすることで、一瞬でお互いの距離が近くなるのです。**

今の自己紹介で、私が兵庫の出身で、商売人の家庭に育ったこと、そして「美穂」という名前のアピールもできました。この後がお酒の席なら、「米屋の子なので、やっぱり日本酒党です！」と言いながらお酒の話題に広げていってもいいですね。

実際、駐日外交官の方々とのパーティーの場でこの自己紹介をしたときには、私の後に自己紹介をなさった外国人の方が「私の妻も美穂といいます」とおっしゃって、その後に会話が弾んだということもありました。

周囲の方々にとっても、その方のパートナーが日本人であるという情報を得たことで、会話のきっかけにもなったと思います。

名前の由来パターンを使う以外にも、経歴や趣味など自分に関するちょっとした情報を添えればオーケー。ポイントは、**「何かしら後の話題になりやすいキーワード」を意識すること**です。たとえば、こんな自己紹介。

旅行が大好きで、これまで30以上の国や地域に行ってきました。おすすめの国もありますので、よかったら聞いてください

食べ歩きが趣味で、美味しいお店をたくさん知っています。隠れた名店もあるので、ご興味ある方がいらっしゃればこっそりお教えします

こうしたキーワード、つまりここでは「旅行」「食べ歩き」といった身近なテーマで「ネタ振り」しておくことで、その後、同席者から話しかけられやすくなり、会話が格段に進みやすくなります。

いろいろな国を旅されたとおっしゃっていましたが、どこの国がいちばんよかったですか？　実は今年、海外旅行したいと思っているんです

ぜひ、おすすめのレストラン教えてください！　接待でのお店を考えるのにいつも本当に困っていまして……

といったように、相手から話しかけられることが多くなり、その後の会話も非常にスムーズになります。

初対面では、**会話の糸口をつくるちょっとしたキーワードの提供が大切。**

自己紹介中に出たキーワードなら、会話を切り出すのは簡単。楽に会話を始めることができます。

キーワードを用意しておくと、安心して「自己紹介の順番待ち」ができるので、ほかの方々の自己紹介をじっくり聞くこともでき、よりたくさんの会話のきっかけを見つけることができるという効果も。

自己紹介は「ネタ振り」あってこそ！

相手のパターンに合わせた持ちネタをいくつか準備しておくことをおすすめします。

自己紹介のときには、後の話題になりやすいキーワードを提供する。

PART 1

5

三種の神器は「ペン」「ネクタイ」「ピンバッジ」

男性の小物には、その方の思わぬストーリーやこだわりが隠されていることがあり、効果抜群の雑談ネタに大化けすることがあります。

私はこれまで大勢の著名人らと初対面での雑談を経験しましたが、その〝つかみ〟としてテッパンネタだった小物はコレです。

「ペン」「ネクタイ」「ピンバッジ」

これは男性、特に年配の方や社会的地位の高い方々と初めて会ってお話をするときの三種の神器だと思います。

私は番組を通じて錚々たる経営者の方々とお話をする機会をいただいてきました。何カ月も先までびっしりと予定が埋まっているような方ばかりです。さらに、全員が初対面。

忙しい合間をぬってスタジオまでお越しいただき、インタビューできる貴重な機会なのですから、「1時間1本勝負」の生放送の中で、できるだけ早く話を盛り上げ、ご本人の魅力や、いい話を最大限に引き出さないといけません。

つまり、できるだけ瞬間的に「ほんわか」状態をつくり出すことが、私のミッションとなります。

そんなときに役立つのがこの三種の神器でした。


ある有名企業の経営者の方が、胸ポケットに変わったボールペンを入れていました。

やはり経営者となると、有名なブランドで重厚な仕様の高級品を持っている方が多いのですが、その方のペンは、〝おでんの竹串〟ほどの超極細の銀色の珍しいペンでした。「何かのこだわりがあるかもしれない」と感じた私は本番直前に、そのペンのことについてお尋ねしてみました。

すると、「ブランドは関係なく、できるだけスリム化したものを選び、愛用しています。軽くて場所をとらないし、しかも書きやすくて便利なんです」とのこと。無駄を排し、合理的に物事を見る経営信条が垣間見え、その後の本番で非常に役立ちました。

特に、ネクタイは話題の宝庫です。くまモンにスターウォーズ、歴代米大統領の似顔絵ネクタイ。私が目に留め、会話のきっかけにしたネクタイは挙げたらきりがありません。「ネクタイの色は会社のブランドカラーに決めている」という経営者も少なくなく、**ネクタイは男性のこだわりが集約されやすい持ち物の代表**といえるでしょう。

ピンバッジにも要注目です。

ある大学教授は、鉄道が趣味。お会いするたびに、ピンバッジはいつも多種多様な電車や新幹線のデザインでした。

「今日は何の列車ですか？」とお聞きするのが会話の始まりでしたが、小池百合子知事の都政改革をテーマにお呼びしたときには、なんと東京都営の地下鉄車両のピンバッジだったのには、ビックリしました。

教育評論家の尾木直樹さんにもＢＳ日テレ『ニッポンの大疑問』などに何度もご出演いただきましたが、そのたびに素敵なブローチをつけてこられました。暗いテーマ、明るいテーマ、その時々に合わせて選んでおられ、視聴者を楽しませる、尾木さん流の心遣いを感じました。

尾木さんを初めてゲストでお迎えしたのは約5年前のこと。

当時まだ数百個だったブローチのコレクションは、いまでは千個余りに増えているそうで、特に「苦労をなくし幸せを呼ぶ」と呼ばれるフクロウのモチーフが多いそうです。

男性の持ち物を例にとりましたが、**女性であれば、ネックレスやブローチ、スカーフなど、顔周りのアクセサリーに注目するといいでしょう。**手帳カバーや名刺入れにこだわりを持っている方もよくいらっしゃいますね。


重要なのは、これらの小物に込めた気持ちについて、「ご自分からおっしゃった方は皆無」だったことです。

その日のシチュエーションや相手への心遣い、こだわりで小物を選んでいながらも、自分から「これをつけている」「こんな理由で選んだ」とわざわざ口にする方はいらっしゃらない、ということです。

だからこそ、こちらから話題にすると、「よくぞ、聞いてくれた！」と相手に喜んでもらえるという〝即効ほんわか効果〟があります。

聞かなきゃわからない、聞いてみると効果絶大の可能性ありなのです。

初対面での雑談では、小物に込めた気持ちについて聞いてみる。

PART 1

6

部屋の観察で会話上手に

初対面で、かつ、相手と会う場所も特別な場合。

たとえば、オフィスではガランとした会議室ではなく、絵画や置物が飾ってあるような相手の個室だったりすることもあるでしょう。学校の校長室にいるような雰囲気で、ソファに腰かけて、話をするというシチュエーションを想像してみてください。

そんなときは、まず、**ざっと部屋を見回して、「何か特別なものはないか」観察してみましょう。**

私にはこんな取材経験があります。

ロンドン特派員をしていた2003年に、ノーベル平和賞を受賞したシリン・エバディさんという女性に単独インタビューをしました。

エバディさんは、イスラム諸国での女性差別撤廃に尽力したイラン人女性弁護士。イランの法律では「女性の価値は男性の半分」とされていて、事故の賠償額、財産の相続も、女性は男性の半分しかありません。男性は妻を4人も持つことができ、離婚の条件や子供の親権も女性には極めて不利な制度でした。この不当性を裁判で訴え続けた功績で、エバディさんはノーベル平和賞を受賞しました。

首都テヘランにある彼女の弁護士事務所の部屋で行ったインタビュー。授賞式を数日後に控え、取材時間は20分しかありません。短い時間で、初対面の彼女の心を開き、ありきたりではない深い話を引き出せるかがポイントでした。

部屋に通され、カメラをスタンバイしている間に、少しだけ彼女と雑談する時間ができ、そこで、私は部屋を見回してあるものを発見しました。

壁にタオルがかけてあったのです。それも使い古したタオルでした。すかさず聞きました。

これは何か特別なものですか?

すると彼女は

刑務所で使っていたものなの

と教えてくれたのです。

実はそのタオルは、エバディさんが以前、人権活動中に逮捕され、投獄されていたときに使っていたものでした。私がタオルのことを質問した後、エバディさんはすぐに、権力に屈せずイスラム女性の人権を守り、闘い続ける覚悟を語り始め、インタビューは短くても、最初から内容の濃いものになりました

部屋の中には、相手にとって「何か特別なもの」「こだわりのあるもの」が見えるところに置いてあることがよくあります。

どんなものがあるか、よく観察して発見し、すかさず「何か特別なものでは？」と聞いてみると、会話が盛り上がることが少なくありません。

相手の部屋の中には、
会話を盛り上げる
ネタが必ずある。

PART 1

7

雑談に効く「自己ベスト3」

雑談で何を話していいのかわからない。

雑談ネタが途切れて場持ちせず、沈黙が続いて、気まずい空気に……。ああ、どうしようと、慌ててしまった経験は、多くの方が持っていると思います。

私も、いろいろな世代、業種の方々と取材や会食の席でお話をすることがありますが、いまは価値観やライフスタイルも多様化しているので、共通の話題に迷うことが多くなりました。

そんな中、どんな相手であっても雑談ネタに困らないように、心がけていることがあります。

それはあらかじめ、**「旅行、食べ物、飲み物の、自分ベスト3を決めておくこと」**です。

「旅行、食べ物、飲み物」。今の時代に誰もが乗れる共通の話題は、この3つくらいではないでしょうか。かつてサラリーマンのテッパンネタだった野球も、いまは見ない人も多くなりましたし、女性だとそもそも関心が薄い方も少なくありません。テレビそのものをあまり見ないという方も増えました。政治経済、時事問題でも、相手によってはもっと軽い話題のほうがいいというケースもあります。

ですから、誰でも関心を持ちやすい「旅行、食べ物、飲み物」の「自己ベスト3」をつくっておくのです。

- 今までに行ってよかった旅先ベスト3
- 美味しかったお店ベスト3
- 好きなお酒ベスト3

はじめから全部を自分から披露する必要はありません。あくまでも「共通の話題」として振り、相手の出方次第で、話を広げ、会話を盛り上げる仕掛けにすればいいと思うのです。

通勤中のちょっとした時間などに、「自分のなんでもランキング」を考えて、スマホのメモ帳に記入しておくといいでしょう。スマホであれば、いつでも持ち歩いているので更新もできますし、必要なときに参照しやすいと思います。

さらにとっておきのネタを披露するならば、私は少し打ち解けた方との間では、**「最後の晩餐に何がいいか」**というテーマで雑談を楽しむのが好きです。

これは、相手の価値観や生い立ち、食べ物にまつわるエピソードが聞けるので、とても興味深い話に発展するきっかけにもなり、会話自体も長持ちします。「最後の晩餐は？」と聞くだけで、どんな方とも会話が盛り上がる気がします。

ある大企業の経営者との会食の席でこの質問をしたときには、「おにぎりと味噌汁」という答えが返ってきました。

おにぎりの具は、何がいいんですか？

それはね、うーん。梅干しに限るね！

どうしてですか？

お袋のおにぎりには、梅干ししか入ってなかったんだよ

やってきました。会話をグッと深めるチャンスです。

決してここで「梅干しですか？　私は昆布派です」などと答えてはいけません。

せっかく「お袋のおにぎり」というキーワードが出たので、どんなお母さまだったのかとか、幼い頃に食べたおにぎりの味や思い出を聞くというのが正解です。

相手は語るべき話題を持っているはずですし、思いがけない楽しいエピソードができて、「また会いたいな」と思ってもらえるきっかけづくりになるかもしれません。

ちなみに私は、最後の晩餐は「お好み焼き」を食べたいです。

雑談ネタとして、
「旅行、食べ物、飲み物」
の自己ベスト3を
決めておく。

PART 1

8

「否定の王様」にならない

パーティーなどでの雑談で大切なのは、**「否定する話」から入らない**ことです。

こういう方が周りにいないでしょうか。

レストランで出された食事に「大して美味しくないな」とすぐ言う。

コーヒーを飲むなり、「ぬるいな」と言う。

外に出て雨が降っていると、「天気予報、当たらなかったな」とぼやく。

つまり、**どんなことに対しても条件反射的に否定的なことを言うタイプの方**です。私はそういう方のことを「否定の王様」と呼んでいます。

気をつけないと、あなたも「否定の王様」の仲間入りです。たとえば、パーティーで会話の輪に入ったときに、こんなふうに話題を振ってはいませんか。

この会場、駅から遠かったですね

食事をとってくるの、並ばなきゃだめですね

スピーチが長かったから、疲れましたよ

無意識に目の前のことから思いついた雑談ネタだと思いますが、**これらもすべて「否定の王様」のセリフです。**「駅から遠い」「並ばされる」「疲れた」という後ろ向きな意見への同意を求めているからです。

言われたほうは、「えっ、そんなふうに思ってないけどな」と内心感じていても、パーティーのような社交的な場で否定すると、相手を不快にさせるという思いが働きます。**無理に同調し、結果として「打ち解けられなかった」という印象になります。**

次から次へと初対面の方と、短時間で話を切り上げなければいけないパーティーでは、相手がどちらの立場かわからない質問は不向きです。

まずは笑顔で問いかけ、相手が「肯定」で答えられる話題を振って、早く打ち解けることが大切です。

「春らしくなってきましたね」と、天気の話題から入るのもいいでしょう。

「○○の桜が待ち遠しいですね」と、会話を広げることもできます。

「大勢集まっていらっしゃいますね、何人くらい来ているのでしょうね」と、数字の質問から入り、自己紹介がてら、主催者との関係に話をつなげていくのもありかもしれません。

パーティーでは、お互い笑顔で、肯定しやすい前向きな話題から。

相手との心の距離を縮めることこそ、パーティーという場が持つ本来の効用であるはずです。

否定の王様では、せっかくの社交の場で、相手との距離が遠のいてしまいますよ。

「肯定」で答えられる
話題を振って、
打ち解ける。

PART 1

9

身だしなみも会話のうち！

会話をしているとき、私たちは、話の内容よりもずっと多くの情報を視覚から得ているといわれています。〝非言語コミュニケーション〟ともいわれ、注目されています。

相手との会話がなかなか弾まない、と思っていたら、実は無意識のうちに服装や身だしなみで損をしてしまっていた、ということも少なくないのです。

特に初対面のシーンでは、相手の情報がまだ少ないゆえに、パッと目に付く〝身だしなみ〟が印象に残るもの。自分が思っている以上に、意外と人は細かいところまで見ています。だからこそ、意識して整えていく必要があります。

かく言う私も、番組中の衣装について視聴者の方から厳しいご指摘を受け、大いに反省した経験がありました。

「ブローチが斜めになっていて、気になってゲストの話が耳に入らない」
「上着の襟元が左にずれていて、そっちばっかりに目がいってしまう」
「ネックレスがゆがんだままで、不格好だ」

テレビでは特に、服装やアクセサリーの左右のズレが違和感を与えてしまうことが少なくありません。

私の本来の役目は、ゲストの魅力を引き出し、輝かせ、話を盛り上げて伝えること。私の身だしなみが整っていなかったせいで、視聴者のみなさんが話の内容に集中できなかったとしたら、せっかく来ていただいたゲストにも、見てくださっている方々にも失礼です。

そう、この「集中できない」というのがポイントです。

せっかく会話が弾んだと思っていても、実は話とはまったく関係のない身だしなみの些細なことに相手が気をとられ、話を聞いてもらえていなかった。これではとてももったいないですね。

最も注意したいパーツは手元です。

言い換えると、最も人から見られているパーツが手元だということです。

爪が汚い、のびている。ネイルが剝がれている。場にそぐわない指輪やネイルをしているなど。

話の途中に目線を外すときは、手元に目が向かうことが多いですし、男性らしさ、女性らしさが出るパーツでもあります。だからこそ、細かいところまで目に入ってくるのです。にもかかわらず、油断しやすいのが手元なのです。

一方で、「目線が向かいやすいパーツ」だからこそ、普段のお手入れがものを言うという効果もあります。

某大物政治家をゲストに招いたとき、私の目に留まったのは意外なほどにきれいな手元でした。爪はつややかな桜貝のようで、形はきれいに整い、甘皮のケアも完璧。思わず、収録後に「お手元をきれいにされていますね」とお伝えしたところ、「うん、手入れをしているんだよ」と少し頰を緩められました。

気難しいことで有名なその方の印象が少し変わった体験です。

手元と並んで気をつけたいのが、「襟元」です。

顔を見るときに必ずセットで視界に入ってくるパーツだからです。ネクタイが歪んでいる、ネックレスが左右対称になっていない、ごみ、糸くずがついているなど、ちょっとした不具合に気づくだけで、話を聞く集中力が途切れてしまいます。

その他、こんなケースに出くわしたこと、みなさんにはありませんか？

パッと見た感じ、身なりはきちんと整えているのに、スマホを取り出すと画面がバキバキ（＝割れている）な方。同じく、バシッとスーツで決め込んでいるのに、ミーティングでかばんから書類を出す際、かばんの中がぐちゃぐちゃになっている方……。

「イヤイヤ、自分はきちんとしているので大丈夫！」と即座に思ったあなたも、ひょっとすると損をしているかもしれません。

人と会う前の習慣として、手元と襟元、持ち物の点検をしてみてください。

身だしなみが悪いと、
相手の集中力がそがれ
話を聞いてもらえない
ことも。

PART 1

10

女性は「あご」がものをいう

演出指導の先生から、女性は、〃あご〃の位置ひとつで、見え方がとても大きく変わると教わりました。極端にいえば、美人さんでも、そうでないようにも見えてしまう、ちょっと怖いパーツなのだそうです。

たしかに思い当たることがあります。男性で日本舞踊の女形をなさる方の動きを観察していると、しなやかで流麗なあごの動きに気づきます。

あごの位置ひとつで、柔らかで上品な印象になるのは間違いなさそうです。

しかしながら私はどうかというと、自分が出演した番組の録画チェックをして「げんなり」することがしばしばです。

会話中に他人の目に入りやすいのは「横顔」ですが、私の場合は、人の話に夢中になってうなずいている最中に、あごが上がるクセがあるようです。不格好で恥ずかしくて、穴があったら入りたい……。そんな心境になってくじけそうになりながらも、「せっかく悪いクセに気づいたのだから、がんばって直そう！」と自分を奮い立たせています。

会話中にあごが上がりすぎると、相手に対して横柄な態度をとっているように見えてしまい、かといってあごを引きすぎると「二重あご」という悲劇を招きます。

首筋をすっと伸ばして、ほどよくあごを引く。いちばんきれいに見える姿勢を鏡を見ながらチェックして、そのときのバランスを身体感覚として記憶して、鏡がないところでも再現できるようにする。

この努力を繰り返すしかありません。

私が意識しているイメージは、**「あごから首、肩、鎖骨のラインにかけて、水が流れるようなラインをつくる」**。

女性にしかできない表現だとも思いますので、心がけていきたいものです。

美しいあごラインの意識は、面接や写真撮影のときにも活かせるポイントなので、ぜひ覚えておいてください。

鏡を見ながら、
いちばんきれいな
あごの位置を見つける。

COLUMN 1

小西流・緊張の解消法

「落ち着こう」と思わないで

「また会いたい」と思わせる会話には「ほんわか」、つまり、リラックス感が欠かせないということを、繰り返しお伝えしてきました。でも、相手にリラックスしていただくためには、自分自身もリラックスしていることが不可欠です。自分がリラックスすればするほど人の話は深く聞けますし、言いたいことを落ち着いて伝えられます。緊張を埋めるための変なクセも出てきません。

しかし、どうしても緊張してしまう場面というのは誰にでもあると思います。

胸がドキドキ、頭が真っ白、手に汗もにじんできた……。過度に緊張し、普段の自分じゃないと自覚したときには、決して「落ち着こう」と思ってはいけません。かえって逆効果を招くケースが多いからです。

私の失敗から得た教訓をお伝えします。安倍晋三首相がゲストの回でした。いつもとは違う大きなスタジオ。局の上層部をはじめ関係者が大勢立ち会い、普段の放送とはまったく違うスケールで行われました。もうそれだけで緊張を呼び込む環境です。

本番直前、控室で準備をしていると、たまたま通りかかった同僚のデスクから「小西さん、首が赤くなっていますよ。後で皮膚科に行ったほうがいいかも」と指摘されました。トイレに行って鏡を見て、驚きました。

皮膚病にかかったわけではないのですが、顔から胸にかけて真っ赤になっていたのです。緊張して、心臓が口から飛び出そうだった私。心拍数が上がり、紅潮していました。顔はかろうじてファンデーションで隠せるけれど、首から下はどうしよう……。焦りました。焦ると、さらに心臓がドキドキします。「落ち着け、落ち着け」と念じました。しかし、一向に治りません。

この日はそんな状態でスタジオに入りながらも、なんとか事なきを得てオンエア終了を迎えられたのですが、緊張を克服するにはどうしたらいいのか、ひとつ教訓を得ました。

極度にあがってしまったのは、ここ一番の仕事に、次のような心理が強く働いていたからです。

「普段よりよく思われたい」「高い評価を得たい」
「完璧にこなしたい」「欠点を隠したい」

できもしないのに完璧にやるぞと、自分で自分にプレッシャーを与えていたのですね。
「落ち着こう」と念じることがかえって逆効果であることを、あらためて身をもって知った経験でした。

それ以来、「落ち着こう」とは一切思わず、〝呼吸〟に神経を注ぐことにしました。詳しい方法はこの後にご紹介します。

そして、むしろ、あがってしまったときは、「完璧にやろう」という自分を退治するため、最初にわざと番組開始直後、挨拶のコメントをいつも以上にリラックスして軽い調子で言ってみたりすることも有効でした。

たとえば、「今日は、スタジオに安倍首相をお迎えしています。たくさんの方々がいらしていて、いつもと違う空気が充満しております」などと、いつもとは違う口調で、あえて砕けた話し言葉で言ってみるのです。

場がカチコチにかたまっているようなシチュエーションでは、あえて「私も緊張しています」と言ってしまってもいいでしょう。

これで、一気に緊張のガスが抜けて、楽になれることも多いように思います。

コミュニケーションでは、自分がリラックスすることが本当に大切です。

そのためには、**完璧にやろう、いいところを見せてやろう、ではなく、いつもよりゆるい感じで始めるくらいがちょうどいい**のです。

吐く息に集中「4秒で吸って、8秒で吐く」

緊張を和らげるのに即効性があるのは呼吸を整えることです。

「吸うよりも吐く息に集中する」と効果がグンと上がるといわれています。

これは、自律神経研究の第一人者で順天堂大学医学部教授の小林弘幸さんをゲストでお迎えしたときに教わったことです。呼吸には吸う息と吐く息があるけれども、「重要なのは吐く息」。

というのも、自律神経の「センサー」は頸動脈、つまり首の部分にあって、吐く息で作用するからです。このため、息を吐くのと同時に、自律神経が安定するのだそうです。

「あまり難しく考えず、鼻で4秒吸って、口をすぼめてゆっくり8秒かけて吐けば、効果的ですよ」と聞き、それからスタジオで本番前にやるようになりました。

「鼻で4秒吸って、口から8秒で吐く」。

これを繰り返すのですが、吸うときは自然に。吐く息に意識を集中させ、ふーっと吐いていきます。

吸った時間の倍の時間をかけて息をゆっくり吐いていく、ということですね。

私の場合、4秒ではなく「3秒吸って、6秒で吐く」ペースが心地よく、いつも本番前にやっていますが、たしかに1分間やってみただけでも違いがわかります。心の落ち着きを取り戻せた気がするのです。

ラグビーW杯で活躍した五郎丸選手は、キック前の独特のルーチンが話題になりました。

小林先生によると、あのルーチンでいちばん整っているのは呼吸で、自律神経を安定させ、血流が末端までいき、思ったところにキックできるようになるのではないか、とのことでした。呼吸、とりわけ吐く息がパフォーマンスを向上させていたという話には驚きでした。

過度に緊張していると、呼吸が浅くなり、首や肩、胸などの上半身に力が入り過ぎてしまうもの。**吐く息で自律神経のバランスを取り戻せるよう、自分なりのルーチンをつくる**のもいいかもしれません。

初対面の相手の前で緊張しているときももちろんですが、「社長面接を前に、緊張してしまって頭の中が真っ白！」「携帯電話を忘れてしまってどうしよう！　頭がパニック！」など、焦りや緊張を自覚したとき、さらには就寝前にも、呼吸を整えることをおすすめします。

何の道具も不要で、1分間あればどこでも簡単にできます。

体の力を抜いて、重心を下げる

緊張を和らげるための私の実践をもうひとつ。

「なんだか今日は緊張しそうだな、体が硬くなっているな」と自覚したときの本番直前、トイレの鏡の前でこっそりやっていたことをお伝えします。

なぜ、場所がトイレだったのかは、読み進めていただくとわかります、ハイ。

まず、トイレに入って鏡の前に立ったら、体の力を抜きます。

両手をダラーンと下げて、ぶらぶら振ります。首から肩、腕、指先までの力を抜いて、軟体動物になったかのように繰り返し振ります。

そして、体の重心を下げていきます。パニックになったり舞い上がったりすると、気が上がって呼吸が浅くなり、上手くしゃべれません。体の重心がへその下あたりまできているようにイメージしながら、下へ、下へ。最終的には足をしっかりと床に踏みつけます。

次に、**思いっきり変な顔をして深呼吸。**

変な顔とは、間抜けな顔です。顔面に力が入っていない、ユルーイ顔。あなたのユル顔はどんな顔でしょうか。

口は「アー」と半開きにして、目はうっとりする感じに。そのとき眉も上がってまぶたがストレッチされると思います。

鼻の穴も、広げ気味にするとなおよいです。こんな顔を見せたら、百年の恋も冷めちゃいますって？　そうそう、それで上出来！

とにかく顔のすべてのパーツの力を抜いて、プハーっと大きく息を吐き出すこと。

緊張していると、自分が気づかないうちに顔がガチガチになって怖そうに見えてしまいます。顔の緊張をリセットすることが、案外重要なのです。

でも、こんな恥ずかしい顔をするのは、やっぱりこっそりと。トイレでないとできませんね。

時間がないときには、頬の筋肉の緊張を解くプチエクササイズを。

手鏡を見て、目を大きく見開きながら、口角を大きく動かし「イウイウ」「ワオワオ」

を繰り返します。やりすぎると、私の場合、メイクがひび割れて残念な感じになってしまうのでほどほどに。

口元が硬いと出だしからコメントを噛んでしまって余計に緊張するので、スタジオに入ってからでもこのプチエクササイズを実践していました。

今年6月からは『news every.』でジャニーズの人気グループ・NEWSの小山慶一郎さんと共演させていただいていますが、小山さんは本番直前に「ブルルルルーッツ」と声に出し、唇を震わせて、口元の緊張を解くルーチンをされています。

出演8年目になりキャスターとしての確かな実力を築いていてもなお、地道な努力を怠らず生放送に臨む姿勢は、本当に立派だなと思います。

人事異動や新入学、新しい環境での最初の挨拶の前に。大切な商談のブレイクタイムでもいいかもしれません。自分なりのルーチンを身につけてみてはいかがでしょうか。

PART 2

聞く力の磨き方

誰もが自分の話をしたいし、自分の話を聞いてほしいもの。

だからこそ、**「聞き上手」な人こそがコミュニケーション上手な人**といえます。

しかしながら、私が討論番組をやってきた経験でいうと、人は意外と相手の話を聞けていないものです。

「おいおい、そんなことないよ。自分は相手の話を聞いているぞ」

多くの方はそう思っているかもしれませんが、相手はそう思っていないかもしれませんので、注意が必要です。

私自身、討論番組のキャスターでありながら、ゲストの話を聞けていなくて、せっかくのいい話をスルーしてしまったり、理解できないまま的外れの質問を返したりと、数々の失敗を繰り返してきました。話があっちいったり、こっちいったり。会話のキャッチボールが成立しない失敗も多々ありました。

後でＶＴＲを見返して、全然話を聞けていないまま進行している場面がゾロゾロと出てくると、それはもう、穴があったら入りたい気分です。さぞかし視聴者のみなさんは、歯がゆい思いをされていたのだろうと思い、反省の連続でした。同僚からも厳しい指摘が容赦なく降ってきます（すべては、いい番組をつくりたいという思いからですが）。

このような話をすると、よく「テレビの生放送で、たくさんの大物ゲストから話を引き出してきた小西さんでも、そんなことがあるの？」とおっしゃる方がいます。

もちろんあります。**プロである私たちにとっても、学んでも学びきれない。それほど、「人の話を聞く」ことは難しいこと**なのです。

特にキャスター職について間もない頃は、恥をかいては悔しい思いをする毎日でした。

相手が気持ちよく話してくれるように会話を上手に転がすには、内容の理解だけでは上手くいかず、むしろ「聞く技術」を身につけなければいけないということを痛いほど実感していました。

どうやったら、聞けるのだろう。聞き下手だった私は、トコトン考えました。そして、とにかく**「聞き上手な人から学ぼう」**と考えました。

政治や経済の勉強をすることだけではなくて、会話術としてのさまざまな「コツ」「テクニック」を自分なりに見つけ出し、学びを積み重ねてきました。

具体的には、聞き上手な方のＶＴＲを何度も見て、まずはマネから入ろうと、**コメントを一言一句**そのまま書き起こすことをしました。

「会話の達人」と称される方が司会進行をするラジオ番組を聴いて、その**絶妙な間合い、テンポ**を身につけようとしました。

落語を聴いて、**声の色、抑揚、間の大切さ**を学びました。

すると、聞く力が確実にアップしていくテクニックがあることがわかってきました。そして、**それが訓練次第で誰でも身につけることができる**ことも。

私はそのテクニックを少しずつ実践し、意識せずともできるようになるまで繰り返していきました。

同時に、番組で出会う機会をいただけるゲストの方々の中から、特に「この人と話すと心地がいい」と感じられる方をよく観察するように心がけてきました。

すると、ある方程式を発見したのです。

「聞き上手イコール話し上手」

聞き上手のゲストは、間違いなく話も上手です。

打ち合わせでスタッフの説明を大きくうなずいて聞き、ほかのゲストとの雑談も上手だなぁという印象を抱かせる。そういう方は、必ずといっていいほど、スタジオでの話が抜群にお上手でした。

相手の理解度を慮りながら、結論から順序立てて話し、会話のキャッチボールを心地よいテンポで楽しみながら、内容を深めていく。そんな会話術を持っておられます。

聞き上手になると、相手の気持ちを理解する力が高まり、自ずと上手に話すテクニックが身についてくるのだと思いました。

繰り返します。

みんな、自分の話を聞いてほしいもの。

だからこそ、上手に聞くのは難しく、聞き上手さんは重宝されます。

自分の話したい欲求を受けとめつつ、会話を円滑に進めてくれる聞き手は、あらゆる場面で重宝されるのです。

では、さっそく、私が大切に積み重ねてきた「聞く力」のテクニックをご紹介します。

PART 2

1 うなずき上手は聞き上手

うなずき方ひとつで、人は話しやすくも、話しづらくもなります。

会話でのお互いのうなずきはとても重要で、無言の動作とはいえ、さまざまなメッセージを表現できる万能テクニックなのです。

では、相手を気持ちよくさせるうなずきとはどういうもので、逆に不快にさせてしまう悪いうなずきとはどんなものなのでしょうか。

まず、うるさいうなずき。

あなたもこんな人にストレスを感じた経験はありませんか。

自分が話をしている最中に、一言一句に欠かさず「ハイ、ハイ、ハイ」。頭を上下に振りながら、「なるほど、なるほど」。何度も連発されると口癖のように見え、だんだん耳障りになってきます。

話す側としては、まだ何も大切なことを言っていないのに「ハイ」「ハイ」と連発されて、「本当に私の話を理解しているの？」と疑いたくなってしまいます。

大きな声、大きな動作、高い頻度での「はい」や「うん」。いずれも本人にとっては〝丁寧にうなずいている〟のであり、「あなたの話を聞いていますよ」というサインなのかもしれません。しかし、その大半は不快な印象を持たれかねないでしょう。

よいうなずきとは、誠実さが伝わる、控えめなうなずきだと思います。

ですから私は、人の話を聞いているときは、なるべく控えめなうなずきをしようと心がけています。

複数回うなずくのではなく、話が一区切り終わったところで、相手の目を見て、大きく、ゆっくりと1回。相手の言葉を飲み込む感じです。

「はい」「うん」などの言葉を発する場合は、控えめに、声のトーンを落とすといいと思います。そのほうが相手に対し、「自分の話を理解してくれた」「受けとめてくれた」「話を楽しんでいる」というメッセージがしっかりと伝わります。すると相手も気持ちよく話して、会話が「ほんわか」と盛り上がってくるでしょう。

ところで、うなずきひとつが別格の人物が私の身近にいます。現在出演している『news every.』の藤井貴彦キャスターです。彼は、生放送中のスタジオで、カメラに映らないところで絶妙なうなずきをしています。

たとえばスタジオにゲストとして専門家を招いて解説してもらうとき。

最初は緊張気味のゲストも、藤井キャスターのうなずくタイミング、間合い、表情、声のトーンに調和するように、みるみるうちに気持ちよさそうに話していきます。ほんの数分間のトーク時間であっても、出演終了後にゲストが「藤井さんって頭いいよね。一度飲んでみたいなぁ」と話していました。

そんな藤井キャスターにうなずきの極意について聞いてみました。

彼曰く、**うなずきには、「相手の言葉をコンパクトにする効果もある」**とのこと。

テレビの生放送では、ゲストが一気にしゃべりつづけると、途中で視聴者が理解できなくなってしまうことがあります。話を聞きながら適度にうなずけば、相手に「藤井さんは、何か質問したいことがあるのだな」と伝わり、自ずとコメントを短く区切って話してくれる。すると、キャスターとゲストのトークによいリズムが生まれ、より視聴者にわかりやすく伝えられるのだそうです。

藤井キャスターは、よいうなずきは、**「コメントが短くなる。相手もうれしい。そして、『また会いたい』と言われて食事に行く機会が得られれば、自分の知識も深まる。**一石三鳥にもなるんですよ」と教えてくれました。

藤井キャスターはゲストと向き合っているときだけでなく、私が解説をしている最中にも、カメラに映らないところで大きくうなずき安心感を与えてくれます。

逆に藤井キャスターのうなずきがないと、「あれ、今日は上手く伝わっていないのかな。気を引き締めてしっかりやろう」と一種のバロメーターにもなり、番組をよくするための緊張感も生んでくれています。

うなずくときは、
大きく、ゆっくりと、
1回。

PART 2

2

「受けとめる」あいづちで会話をキャッチ

「聞く力」に長けている方の共通点の第一は、相手の話を聞くときの「クッションワード」、すなわち、上手な「あいづち」があることです。

まず身につけたいのが、相手の話を受けとめる「あいづち」のバリエーションです。

そもそもあいづちには、

①「受けとめる」
②「共感する」
③「まとめる」
④「うながす」

の4種類があります。

相手との心地よい会話、つまり相手との「ほんわか」した雰囲気をちゃんとつくれるようにするためには、これらあいづちのバリエーションを増やし、**バランスよく使い分けることが大事です。**

では、ひとつずつ順番にあらためて考えてみましょう。
まず、この項では、「受けとめる」あいづちについて。

「なるほど」
「たしかに」
「そうですね」
「おっしゃるとおりです」

これは、相手が話していることをしっかり受けとめてあげるあいづちです。**まさに、3秒で心をつかめる大事なフレーズなのです。**

聞き下手さんにありがちなのは、この、たった3秒の受けとめのフレーズがないまま次の話を返したり、相手へ質問したりすることです。

反対の意見を言うにも、別の話に移るにも、まずは、相手の言ったことを受けてあげる。

相手の投げてきたボールをキャッチするイメージです。キャッチしないことには、会話のボールは投げ返せないと思ってください。

とても簡単な例として、受けとめるあいづちがない会話とある会話の比較をしてみましょう。

お昼ごはん、あそこの中華料理に行こうか

でも、昨日も中華でしたよね

これでは、この後にちょっと空気が停滞しそうですね。受けとめるあいづちを加えてみるだけで、こうなります。

お昼ごはん、あそこの中華料理に行こうか

いいですね。でも、昨日も中華でしたよね

比較してどうでしょうか？　同じ反対意見を言っているのに、後者のほうが好印象に聞こえませんか。

中華は昨日食べたのに忘れたの？　と即ツッコミたくなる気持ちはとてもわかるのですが、「でも」から入るのではなく、**いったんは「いいですね」と相手のボールをキャッチする**ことが重要なのです。

こういう会話をキャッチするクセをつけていくことから短い時間でも相手の心をつかむことが徐々にできるようになり、聞き上手への一歩が始まっていきます。

私のかつての上司がまさに「受けとめるあいづち」の名手でした。

取材先からホットな情報を持ち帰り、「こんなニュースがありました。そして、あの方

に聞いたら、こんな情報も取れたので、こういう内容で原稿をまとめてみたいと思うんです！」と話す私に、「なるほど、なるほど」「そうだね」「いいんじゃない」と返し、とにかく気持ちよく報告をさせてもらえるのです。

そして、最後にひとこと。「でも、小西くん、こういう見立てもあるんじゃない？」とピリッと意見も添える。気持ちよく話をした後の私は、素直に助言を聞けるわけです。

この上司は取材記者時代にもスクープや独自取材を連発し、「いいネタを仕入れる」ことで多くの実績を上げた方でした。きっとこのあいづちのワザが功を奏していた面もあったのではないかと、私は思います。

相手の
話していることを、
まずはしっかりと
受けとめてあげる。

PART 2

3

「へ・ほ・は」で「共感する」あいづち

「へぇー」

「ほぉー」

「はぁー」


驚いたり、気づいたり、納得したりしたときのひとことは、〝共感〟を伝えるあいづちです。

試しに、鏡の前でできるだけ大きく表情を変えて、声に出してみてください。

うれしい話を聞いたときの「へ・ほ・は」。

悩み相談を受けたときの「へ・ほ・は」。

ニュースの裏話を聞いたときの「へ・ほ・は」。

目を見開き、できるだけ大きくリアクションしてみましょう。


「へ・ほ・は」だけで、いろんな表情ができませんか？

もし私だったら、相手が、こんなに表情豊かに私の話を聞いてくれたら、どんどんおしゃべりになっちゃうなぁと思います。自分の話に驚き、感嘆し、共感し、共鳴してくれる相手とは、話しやすく、そして、また会いたいなと思うものです。


テレビ番組の制作現場でも、「へ・ほ・は」を意識しています。

『ニッポンの大疑問』という報道番組のキャスターをしていたとき、チーフ・プロデューサーからこう教わりました。

「番組の中に〝へ・ほ・は〟があることが大切なんだ」

つまり、番組を見た視聴者のみなさんが「へぇーそういうことだったのか!」と思わず膝を打ってくださるような情報を提供すること、そういう受け手の納得感が大切なのだということでした。

それ以降私は、ゲストの話を、テレビの向こうの視聴者のみなさんと一緒に、「へ・ほ・は」ができるように聞き出すようにしています。テレビでは自分のあいづちの声が耳障りになることが多いため、無言で、表情だけであいづちを打つことが多いのですが、カメラが回っていないときの会話では、極力大げさに「へ・ほ・は」を実践しています。

さぁ、鏡の前に立って、あなたも「へぇー、ほぉーー、はぁーーーー」

共感したときは、「へ・ほ・は」と大きくリアクション。

PART 2

4

「まとめる」あいづちで話を整理

「要するに、〜ということですね」
「つまり、〜ですね」
「〜という理解でいいですか」

これらは、相手の話を総括してあげるフレーズです。
会話は相手の言葉をキャッチすることが大切と前述しましたが、長い話や難しい内容のボールが投げられたときは、どうでしょう。相手もたっぷりしゃべって疲れ気味。力いっぱい遠投するイメージでしょうか。

そんなときは、こうしたフレーズで、**要約して投げ返し、相手を休ませてあげるのが効果的です。**

相手だって、考えがまとまらないまま話し続けていることもあります。

「理解してくれているかな？」と不安に思いながら、しゃべり続けているケースもあります。

だからこそ、聞いている側が、「そうですか。つまり、こういうことですね」と要所要所で立ち止まって整理してあげることによって、相手の不安を解消し、リラックスして話を続けられるムードをつくり出すことができます。

もしもこちらの理解が違っている場合には、早めに修正してもらうきっかけにもなります。結果として、「共通認識」をすり合わせながら、相手の話を正しく理解できる会話につながっていくのです。

たとえば会議であれば、こんなふうにひとつの案件ごとに使ってもいいでしょう。

要するに、A案よりB案のほうが、納品が遅くなるということですね

つまり、○○部長が反対する可能性がある、ということですね

予算については前回の会議のとおり進める、**という理解でいいですか**

まとめるあいづちが適度に入る会話は、相手に「ちゃんと理解しながら聞いてくれた」という安心感や満足感を与え、「ほんわか」した雰囲気をつくっていくことができます。

まとめるあいづちで
共通認識をすり合わせ、
安心感や満足感を
与える。

PART 2

5

もっと話したくなる「うながす」あいづち

「それで、どうなったのですか？」
「具体的に、どういうことですか？」
「で、どうしたのですか？」

会話を上手に進めるには、呼び水も必要。これらは話をうながすときのフレーズです。次の行先を上手にガイドしながら、そこにボールを投げてもらうイメージを持ってください。**相手は「次はこっちね、それを話せばいいのね」と、迷わず話を進めることができます。**

また、うながすことは〝知りたいオーラ〟の発信にもなります。

話し手は「相手が関心を持ってくれている」と確認することができ、安心して話をする気持ちになれるでしょう。

とはいえ、会話をつなげていく言葉が思い浮かばず、困ってしまう場面もあると思います。会話が終わってしまうのではないかと不安になったり、言葉に詰まってしまったり。そんなときでも大丈夫。言葉が即座に出ないときは、間をおいて「で？」だけでもいいのですが、もうひとつ、**〝オウム返し〟という強力テクニックがあります。**ただ相手の言葉の最後をなぞるだけで、会話を続けていくことができるという優れワザ。

保育園や幼稚園のお迎えに行ったときの会話を例にしてみましょう。

今日は太郎君、お昼ごはん残さず食べられましたよ

あ、はい、ありがとうございます

シーン。会話はこれで終わってしまいます。

ところが、ここに〝オウム返し〟のテクニックを取り入れてみると……！

今日は太郎君、お昼ごはん残さず食べられましたよ

あ、そうですか。**残さず食べられたんですね**

はい、苦手なキュウリも残さず、がんばりましたよ

がんばったんですね

そうです。この頃、我慢強くなってきましたよ。遊びでは……

ほら、会話がすらすらと続いていきました！　ぜひ試してみてください。

うなずきとあいづちで
知りたいオーラを
伝える。
詰まったときは
オウム返し。

PART 2

6

会話が続く便利ワード「そもそも」

会話を続ける中で、話しているほうは、聞き手がただ「なるほど、なるほど」と聞いてくれるだけではなく、会話を発展させたり深掘りさせたりする〝新しい視点〟を提示してくれると、より話しやすくなることがあります。

そんなときに使える便利ワードが「そもそも」です。

「そもそも、御社の名前って、どういう由来なのですか？」
「そもそも、この事業を始めたきっかけって何なのですか？」
「そもそも、なぜこの企画を思いついたのですか？」

「そもそも」で始める質問は、相手に「今の話をもう一段、深掘りして話して」という積極的なメッセージを伝える効果があります。「元をたどる」質問ですね。

また、いまさら聞けないような質問でも、「そもそも」をつけるだけで、不思議とハードルがぐんと下がって聞きやすくなるという効果もあります。また、話が難しくなり過ぎたときに、わかりやすく元に戻したい場面にも使えます。

話を深めたいとき、軌道修正したいときには、もってこいのワードなのです。

あまりにも便利なので、私は番組で1日1回は質問に使っていたんじゃないかなとさえ思いますが、ゲストは例外なく「そうか、そうか、そこから話してあげよう」という感じで、快く話してくださいました。

「あなたの話をきちんと理解したいのです」という誠実な姿勢を伝えるメッセージにもなるのだと思います。

実際、相手の話を聞きたいという関心がなければ出てこないワードですから、相手に〝知りたいオーラ〟もしっかりと伝わります。

また、「そもそも……」と話し始めた相手側も、あらためてイチから話を整理することで、考えが整理されたり、新たな角度から物事を見ることができたりという〝新たな発見〟を得られることがあります。

「自分の話を上手に聞いてくれたことで、自分にも新しい発見があった」と感じさせることができれば、会話の満足度は倍増。「また会いたい」と思わせることができます。

話を深めたいとき、軌道修正したいときは、「そもそも」

PART 2

7

相手が答えやすい「数字」で聞く

最近、どう?

久しぶりに会った人にかけるひとことととして、よく聞かれる言葉ですが、さて、これははたして答えやすい質問でしょうか?

「どうって……、何が?」と、答えに窮することが多いのは、私だけではないはずです。

会話ではまず、相手にとって答えやすい質問から入って、会話の流れをつくることが大切です。

では、答えやすい質問とは何でしょうか?

番組で経済をテーマにしたとき、ゲストへの最初の質問として、アベノミクスへの評価を聞く場面が何度もありました。

ここで普通に「アベノミクスをどう思いますか」と聞くと、回答に時間がかかったり、抽象的な答えしか返ってこなかったりすることが多くありました。

「いきなり、〝どう思いますか〟って聞かれても、何をどう答えていいかわからないよ」

きっとこんなふうに困らせてしまっていたはずです。答えづらそうな表情にさせてしまい、司会者としては失敗です。

では、こう聞くのなら、どうでしょう。

アベノミクスは、**何合目まできていると思いますか**

まだ5合目過ぎたくらいでしょう

アベノミクスは、ズバリ、**100点満点で何点ですか**

100満点だと、60点くらいかな

「どう?」という漠然とした質問よりも、具体的で答えやすくなりますね。

ポイントは、「数字で答えられる質問」を投げかけることです。

「何合目?」と聞くと、山登りにたとえているので、「頂上＝目的達成までの進捗状況を聞かれたのだな」と話の方向性、質問のポイントがはっきりとわかります。さらに、なぜ道のりが険しいのか、など会話も容易に広がっていきます。

また「何点?」という質問は、ゲストの回答それぞれに採点基準や理由があり、出だしからスタンスが明確になるという利点があります。

ビジネスでも、初対面の方から「御社はどんなことをしているのですか」と聞かれても、回答の幅が広すぎて、窮してしまうかもしれません。

今の会社に入られて、**何年**経ちますか

何名くらい部下をお持ちですか

今の部署にはいくつくらいのセクションがあるのですか

というふうに、まずは数字で答えられる質問がおすすめです。

答える側としては、常に頭に入っている数字なので、簡潔に答えやすく、会話にリズムも生まれます。

こうして、数字で答えられる質問をいわばジャブのように何度か繰り返してから、場があたたまったタイミングで、

「いまの仕事のどんなところがおもしろいですか」

「どのような点に、ご苦労されていますか」


と相手の興味や問題意識を引き出すような質問へと掘り下げていくイメージです。

特に初対面の場合は、相手との距離がまだつかめていません。

漠然とした質問では、相手が答えに困ってしまうことがありますから、**入り口は答えやすい数字の質問で。**

ちょっとした違いですが、これを意識するだけで会話はグンと広がります。

数字で答えられる
質問を投げかけて、
会話の流れをつくる。

PART 2

8

会う前に「10の質問」を用意してみる

相手と上手くコミュニケーションを図る「聞く力」には、〝知りたいオーラ〟が欠かせません。

知りたいオーラを発するための大前提になるのが、相手に興味を持つこと。

聞くテーマが自分の苦手分野なら、なおさら、興味がわくまで情報収集が必要になると思います。

その準備が十分かどうかを測るチェック法として、おすすめの方法があります。

演出指導の先生から、こんなレッスンも受けました。

「今から10の好きなものとその理由を止まらずに書き続けてください」

配られたA4用紙に、1から10まで番号が振られ、好きなものと理由を書く欄が設けられています。与えられた時間は5分ほど。

私は、①台所、料理をしていると無心になれるから②猫、仕草に癒されるから③お好み焼き、ソウルフードだから……などと書き進めましたが、9番目でペンがぱたりと止まってしまいました。

「うーん、うーん」となかなか好きなものが頭に浮かばず、結局時間オーバー。9番10番は空欄のまま提出することになりました。

先生はこのレッスンの意図を説明してくださいました。「キャスターたるもの、何が好きか嫌いかくらいは、10個止まらずにすぐ言えるようになりましょう」と。

キャスターは周囲への意識の幅、即興性が問われる仕事。普段から食わず嫌いにならず、あらゆることに興味を持って臨むべきですよ、と教えられました。

なんともお恥ずかしいエピソードですが、この教訓をインタビューに活かすために、**ゲストに会う前に、口頭で指折りしながら、質問を10個言うようになりました。**

何も資料を見ずに、スラスラと質問が出てくるか、自分をテストするのです。

苦手分野がテーマのときなど、すんなり10も出てこないことが何度もありました。その場合は、相手に対する興味が足りていないのだ、と自分に言い聞かせて、さらに情報収集するのです。

商談などの場でも、質問するには準備が必要です。簡単な打ち合わせなら、半分の5つでもいいと思います。

自分の言葉で、メモを見ずに、止まらずに言えるようになるまで、情報収集してから臨みましょう。

相手に興味を持ち、
会う前に
質問を用意する。

PART 2

9

素朴で大胆な、トンデモ質問を1割入れる

質問の8割は誰が聞いても同じものになり、残りの2割に聞く人の個性が宿るものだと思っています。

私はその2割に、いつも頭を悩ませ、知恵を絞っていました。

そして私が出した答えは、バカになって、振り切っちゃった「トンデモ質問」を1割入れてみる、ということです。

このことについて、おもしろいエピソードがあります。

番組で、当時巨人軍監督だった原辰徳さんをゲストにお迎えしたときのことです。直前まで開催されていた日本シリーズなど戦績の話を入り口に、原監督のリーダー論を聞く、というのが設定されたテーマでした。

リーダー論を聞く質問というと、こんな質問がすぐに思い浮かびます。

どんなふうに選手と接するのですか

ピンチにはどう向き合っているのですか

選手の育成にはどんなことを心がけていますか

これは、誰が聞いても8割は同じ質問、という8割の中に入ります。

そこで私は「トンデモ質問」として、監督にこんな質問をしてみました。

なぜ、パーではなくて、グーなのですか？

じゃんけんではなくて、グータッチのことです。原監督といえば、グータッチ。グーだからユニークで話題になるのです。でも、なぜ、グーなのか、パーじゃだめなのか。その質問をぶつけてみたのです。すると原監督。一瞬、間を置いてから……、ハイタッチ（＝パー）だと軽いじゃないですか。グーはお互い目線を合わせないとできない。それが大事。私の中では重い儀式なのです

へぇー、だからグーだったのか！　感嘆する私に監督は、なんと突然〝生グータッチ〟をしてくれたのです。これにはスタジオにいたスタッフも全員びっくり。どよめきが起きました。グータッチのときの原監督は、ものすごい目ヂカラです。これは体験者として証言できます。

そして、この突然の「生グータッチ」が場の緊張を解くブレイクスルーとなり、その後のスタジオの会話がグングン弾み、原監督流のリーダー論を意外なところから読み解けた、いい回となりました。

事前に質問を用意するときには、ぜひ、ひとつか、ふたつ、振り切った質問も混ぜてみてください。

もちろん、大切なのは相手への敬意。相手を不愉快にさせる失礼で不謹慎なトンデモ質問は厳禁です。前向きで、素朴で、クスッと笑える大胆な質問が理想的です。

どんなトンデモ質問が効果的か？　というヒントとしては、**「〇〇さんといえば」というものに着目してみるのがいいと思います。**

「原監督といえば、グータッチ」というように、「山田社長といえば、阪神タイガース」「鈴木課長といえば、ラーメン通」といった誰もが知っている、たとえば、その方のトレードマークのようなものを材料に、質問を投げてみると当たりやすいと思います。

上手くいけば、ぐっと距離が近づく効果大。その日の会話を相手に印象づけるきっかけにもなります。

ぜひ思い切って、振り切ってみてください。

事前に用意する質問の中に、振り切った質問を混ぜてみる。

PART 2

10 アドリブは準備するもの

予定調和ではなく、場の流れに合わせて即興でやるアドリブを効かせる演出ができるのは、生放送番組の魅力のひとつです。頭の回転の速さや度胸が必要で、だからこそ、「すごい！」と、会話が盛り上がるテクニックです。

見てくださっているみなさんからすると、「その場でとっさに考えているもの」という印象が強いかもしれません。

でも、私は、**アドリブは入念な準備があってこそ成り立つものだと思っています。**

番組で、歌舞伎俳優の松本幸四郎さん（九代目）をお招きした回のことです。

ビッグゲストで、しかも報道番組に出演するのは初めてという貴重な機会。

ところが私はといったら、それまで歌舞伎を見たことがなく、歌舞伎がどういうものかさえ、よくわかっていませんでした。けれども、今から観劇しにいく時間もない。伝統芸能の知識を急に蓄えることもできません。

まず、幸四郎さんの自伝を読み、来歴やエピソードを頭に入れたうえで、さて次は歌舞伎の何を調べたらよいのか、ため息をつきました。

にわか勉強で頭に詰め込んでも、表面をうっすらなぞるだけ。到底、弾んだ会話は期待できそうにありません。

そこで私は、予定にない質問を秘めておき、場が盛り上がらなかったときのためのアドリブとして登場させようと思いました。

松本幸四郎さんといえば、『勧進帳』の弁慶役です。

私は事前に『勧進帳』の弁慶をビデオで何度も繰り返し観ました。ご本人が演じたものはもちろん、過去に別の役者が演じた弁慶役のビデオも観て、どこがどう違うのか自分の目で見て、頭で考えました。

声のトーン、手の位置、間合いに違いがあり、だんだん興味がわいてきて、専門家の批評も読み、『勧進帳』にまつわる話に特化してリサーチの時間を割きました。

そして本番の日。インタビューは予定どおり進んだものの、大物ゲストを前に緊張し、なかなか場がほぐれません。

そこで、タイミングを見計らって、『勧進帳』の話を切り出しました。そして、ビデオを観ながらにわか仕込みで練習した「飛び六方」をご本人の前でやってみせたのです。

素人のマネごとにドン引きされるかと思いきや、幸四郎さん、隣で右手を突き出す私に「いい型ですね」とすかさず切り返して褒めてくださいました。

変化球を変化球でかわしたような、素晴らしい切り返しでした。思いがけないやりとりにスタジオは爆笑の渦。予定どおりに進んでいた雰囲気がよい意味で壊され、その後は最後までグングン会話が弾んでいきました。

周りは私の「飛び六方」をアドリブだと思っていましたが、実は私なりに入念に準備していたものでした。右手、左手の位置（特に私は左利きなので左右を間違えることがよくあります）、首の位置が違っているかも、なんて気になり始めたら、とても本人の前ではできるものではありません。一歩間違えば失礼にあたり、大火傷を負いかねないネタです。

会話も関係性も円滑にするよいアドリブには、準備と自信が必要なの

だと、いつも肝に銘じています。

反対に、準備不足で失敗したという経験もあります。

女優のいとうまい子さんをゲストでお迎えしたしたときのこと。番組のテーマは「介護予防」で、いとうさんは、早稲田大学大学院で介護ロボットの開発に取り組んでいました。

ロボットの名前は「ロコピョン」。うさぎのぬいぐるみの格好をしたロボットで、一日3回高齢者を呼び出して、予防効果があるスクワットをさせるロボットです。ロボットと会話することで、スクワットを習慣化させるという狙いがあります。

さて、ここからが本題です。

このロボット「ロコピョン」。いとうさん本人が声をかけてスタジオで実際に動かす、というのが番組の目玉でしたが、リハーサルのときはずっと動いていたのに、本番になってなぜかまったく反応しなくなったのです。

想定外の事態に、スタジオは気まずい雰囲気。沈黙が漂いました。いとうまい子さんは、突然しゃがみ込んで、「明るいところだと反応しづらいの」とテーブルの下にロコピョンを移動させ、センサー部分に顔を近づけて繰り返し叫びました。しかし、ロコピョンは無反応状態。なんとも言えない空気のまま、どんどん時間だけが過ぎてしまいます。
このとき、「いやー、みなさん。こんなことがあると思って、事前にロコピョンが元気なときに撮影していたんですよ！」と言って、ＶＴＲに振ることができていたら、笑いに変えられたはずです。残念ながら、リハーサルがすべて上手くいったことからＶＴＲを準備しておらず、大きな反省点となりました。

ハプニングのときこそアドリブが輝きます。けれども、そのためにはやはり入念な準備が大切なのです。

ハプニングの場面を想定して、そのときどんな切り返しをすればいいのか、事前に考えておくこと。用意しているものが急にだめになってしまったとき、どんなひとことで切り抜けようか。はたまたどう笑いに変えてしまおうか。「頭の体操」といいますが、その準備体操が重要で、準備があるだけで、話すときの落ち着きも変わってくるはずです。

結婚式のスピーチや大事な商談のプレゼンを任されたときは、**必ず「上手くいかなかったときのアドリブ」まで想定して準備しておく**ことをおすすめします。

準備と自信があるからこそ、アドリブが活きる。

PART 2

11 準備資料には「付せん」をつける

ゲストとの打ち合わせに臨むとき、私はその場に備えて読み込んできた関連書籍や、本人の著書、資料の印象に残った箇所に、必ず「付せん」をつけています。いくら読み込んでもマーカーで線を引いているだけでは不十分だと私は思います。

理由は簡単です。

「あなたと会うまでにちゃんと準備したこと」を相手にわかってもらうことが大切だからです。

会ってすぐに雑談をする時間もなく、挨拶をしたらすぐさま本題に入らなければならないシチュエーションでも、資料に付せんがついていれば、事前準備したことが一目瞭然。1秒で相手に伝わります。

以前の私は、自分がどれだけ準備してきたのかを相手にお見せするのは「あざとい」と思っていました。事前に準備するのは当然のことで、それを見せることはカッコ悪いと考え、付せんづけをあえてやっていませんでした。でも、考えが変わる経験がありました。

番組での立ち居振る舞いが上手にできず、改善のために指導を受けたことがあります。1回きりのレッスンでしたが、先生に初めてお会いしたとき、冒頭にこう言われました。「私はこの2カ月間、あなたの番組をずっと見てきました」。

それを聞いて、2カ月も番組を見てくれた方の話は、絶対聞いてみたい、聞かなきゃ損だ、という気持ちになりました。ありきたりのアドバイスではなく、私個人の悪癖や、どうやったらそれを改善できるかについて、ぜひお聞きしたい。「この方は私のためにたくさんの時間を割いて準備をしてくれた」という思いで、相手との距離がグッと近づきました。

翻って、自分が「聞く側」になったときには、私が事前に読んだ相手の著書や、ブログの重要箇所について、たとえまったく話題に触れなくても、触れるつもりがなくても、それを読んできたということは相手には伝わっているほうが絶対にいい、と思うようになりました。

以後、相手に関する資料で大事だと思ったところには、小さな付せんをペタペタと貼って、その資料をかたわらに置いてお会いするようにしています。

取引先やお客様との商談の場でも、同じように活用できるかもしれません。

事前に会社のホームページを見てきた人、見ていない人、新聞のスクラップで最新情報をチェックした人、していない人……、いろいろな人が訪れると思います。

相手は「どれくらい、こちらのことを理解してくれているのだろう？」と内心、探っているはずです。

とても短い時間で、相手に自分の取り組みや姿勢をアピールしないといけない。そういうときは、「今日の日に備えて、あなたのことを理解しようと準備してきました」などと口に出して言うより、さりげなく、付せんがいっぱいついている著書をテーブルに置いておく。それだけでいいと思います。

相手はそれを一瞬見ただけで、「この人は、この時間をいいものにしようとして来てくれた」と理解し、その後に話す内容にもきっと違いが出るはずです。

付せんの有無によって、会話の価値が変わると言ってもいいでしょう。

上手に話を聞き出して会話を進めるには、相手へのリスペクトが基本です。あなたとの会話をいいものにしたいので、しっかり準備をしてきました、ということは相手へのリスペクトにつながります。

伝えないより、伝わっているほうが絶対に距離が近くなる。

私の本棚には、付せんがついたままの本がたくさん並んでいます。

資料につけた付せんで、どれだけ準備したかを伝える。

PART 2

12

「顔」でなくて「胸」で聞く

上手にあいづちを打てるようになった。準備もしっかりした。でも、聞く姿勢がしっかりしていなければ、まだ聞き上手とは言えません。

骨盤が立ち、ピンと背筋が伸びた美しい姿勢。そして、相手に対して体が開いているように見せる姿勢。それだけで堂々として見え、受容力も感じられ、「会話がしやすい人」と印象づけられます。

ただし、姿勢をよくしようとするあまり、体を緊張させてしまうのでは、かえって逆効果。リラックスすることこそが、聞き上手の基本だからです。

ではどうすればいいのでしょうか？

私にはこんな意識づけが役立ちました。

「胸にもうひとつ、自分の顔があると思って、聞く」

一度やってみてください。

のどと、両方の胸を三角で結んで、そこにも顔があると思って（相手の顔ではありません、自分の顔です）、相手の話を聞くのです。そうすると、自ずと胸が開いて首筋が伸び、肩がすっと下がって……。どうですか？　姿勢がよくなりませんか？

姿勢が悪くなると、背中の丸まりを直そう、直そう、と背中のほうに意識が向きがちですが、「胸で話そう」「胸で聞かねば」と意識を変えるだけで、上手くいくことが多かったのです。

しかし、それでも背中が丸まるクセのあった私は、演出指導の先生から、「小西さんの場合は、胸ではなくて、お腹で聞いてください」と言われる始末でした。

おへそに目があるイメージでしょうか。ちょっと笑えますけど、効果あり、でした。

スタジオで座る椅子に、通販で買った骨盤矯正用の健康グッズを敷いていたこともあります。腰を支えて正しい座り姿勢にする小さな座椅子のようなもので、そこに座ることで、なんとか猫背になるのを防いでいました。それくらい、姿勢には気を使っています。

ゲストの中には、首から背中にかけて一本の棒が入っているような、座り姿勢のとても美しい方が大勢いらっしゃいましたが、話していてとても気持ちがよかったことを覚えています。

言葉ではなく、胸（やお腹）で表現できる「聞く力」もあるのですね。

背筋の伸びた
美しい姿勢が
「会話がしやすい人」
をつくる。

PART 2

13

その腕組みで損していませんか？

会話の途中で相手が腕組みをし始めたら、どう思いますか？

「困らせちゃったのかな」「私の意見と違うんだな」「私のこと嫌いなのかな」と、マイナスイメージを抱くのではないでしょうか。すると、どんどん相手の心中が気になり始め、今の話題をどうしたらいいのか、そわそわして会話が思うように進みません。

逆に言うと、もし、あなたに腕組みのクセがあるとしたら、これは要注意です。相手が、あなたの心中を気にして、リラックスして話せなくなってしまいがちだからです。

話の途中でよく腕を組む人に、「なぜ腕を組んで話を聞いていたのか、正直な気持ちを教えてほしい」と後から聞いてみたことがあります。すると、返ってきたのは、意外な答えでした。

「次に何を質問しようか考えていただけ」

つまり、相手の話に納得していないのではなく、話を聞いていないだけだったのです。

腕組みは「拒絶」のイメージそのもので、言葉を発せずとも意見の対立を表します。

まったく悪気なく、単に別のことを考えるときに腕を組むクセがある人が少なくありませんが、たとえそうだとしても、相手には、**自分の気持ちとはまったく別のことが伝わってしまっているのです。これは損です。**

困ったとき、意見が違うとき、答えに戸惑ったとき。そんなときには、私はあえて腕組みをしてもいいと思います。それもひとつの表現方法だからです。腕組みという仕草から相手は何かを感じ取り、その後の話題を運んでいくことでしょう。

もちろん、上司の前や就職活動での面接など、してはいけないシチュエーションもありますが。

しかしながら、意外と多いのが前述の「別のことを考えている」ときの腕組みです。

これは、本人にそのつもりがなくても、相手に拒絶のメッセージを伝えているということを知っておくべきでしょう。**間違ったメッセージを与えてしまいがちなジェスチャーの代表例ですので、注意が必要**です。


この腕組みが最たる例ではありますが、「無意識のうちに、相手にネガティブな印象を与えてしまう仕草」というのはほかにもあります。

- 足をブラブラとさせる
- 手元のペンなどで遊ぶ
- 髪の毛や爪を触る
- 目線を相手以外の対象にちらちらと向ける

思い当たることはありませんか？

もしも、人の話を聞きながら、こういった仕草をしていることに気づいたら、「話を聞いていないと思われているかもしれない」と考え、改めることをおすすめします。

ネガティブな印象を与えてしまう仕草に注意。

PART 2

14

知ったかぶりは大怪我のもと！

「知らない」と告白するのは、勇気がいりますよね。私もそうです。

「こういうことですか？」とたずねて、怪訝な顔で「いや、そういうことじゃなくて」とピシャリと返されてしまったとき。その後もちゃんと理解できていないのに、相手に切り出せず、わかっているふりをしながら聞いてしまうという失敗を何度も経験しました。

あるいは、こういう経験はないでしょうか。

苦手な分野だからと身構えて、にわか勉強をし、「何も知らない」と思われたくないがために、あえて難しい質問をしてしまう。

これでは、かえって相手を身構えさせて、距離を縮めることにはなりません。

経験から断言します。

わからないときは素直がいちばん。「教えてください」と素直に聞きましょう。

ただし、言い方にポイントがあります。

○○のことは、知らないんです

ではなく、

○○のこと、実はよくわかっていないんです

この「実は」と「よく」がポイントです。

相手の専門分野について、事前に最低限の知識を得ておくことは当然のことです。ネットや本で少し調べたらこういうことがわかった。でも正確な情報をきちんと理解しているかどうか自信が持てない。これが「**よくわかっていない**」というレベルです。

ここで重要なのは、**自分なりに知ろうと努力した、ということ。それが相手への誠意として伝わる**ということです。

これが伝わるのと伝わらないのとでは、印象がずいぶんと違います。

大事なことなので理解しないといけないと思っているけれど、理解が不足している。だから恥をしのんでうかがいたいのです。あなたに教えていただきたいのです。

そういった姿勢は、話し手への敬意のメッセージにもなります。

適度な隙を見せることは親近感にもつながり、相手も「よしよし、ここから教えてあげよう」という気持ちになってくれるものです。

私、野球はまったくだめなんです

本当に基礎的なことからうかがいます

勇気がいりますが、こう言ってしまったほうが誠実です。それに、わからないものはわからないと早めに告白してしまったほうが、知識不足から失敗してしまったときも、「ほら、さっき言ったとおり、私はわかっていないでしょう」と笑いに変えられます。

知ったかぶりはかえって大怪我のもとになりますから、ご注意を！

わからないときは、
「実は」「よく」
わかっていないんです
と伝え、教えてもらう。

PART 2

15 ジェスチャーつきの話は、スルーしない

会話の流れの中で、相手が思わず身振り手振りで話し始めるのに気づいたら、そこは絶対に見逃さず、集中して、たっぷり聞く、という習慣を身につけてください。

〝ジェスチャーつきの話〟は、会話が盛り上がるいちばんのチャンスだからです。

ゴルフ界のレジェンド、青木功さんをゲストにお迎えしたときのエピソードです。世界４大ツアーを制覇し、日本から世界へ道を開いたパイオニアの青木さん。２０１５年に現役生活50周年の大きな節目を迎えました。インタビューは、数々の名場面の知られざる舞台裏から始まり、73歳になられても「生涯現役」にこだわる理由や夫婦円満の秘訣にいたるまで、幅広い内容を準備していました。

本番が始まってみると、経験豊富な青木さんの話は、どれも奥が深く、試合のエピソードも満載でした。しかし、番組は1時間1本勝負の生放送。たくさん聞いて、後で編集してお伝えするわけにはいかず、「この話はもう少し聞きたいんだけどなぁ」と後ろ髪を引かれる思いで、次の話題へ進行せざるを得ない流れでした。

各パートの話が中途半端にならないよう、どこかで大きな盛り上がりをつくりたい思いで迎えた後半。青木さんとパターの話になりました。

指先の爪の感覚を、非常に大切にしておられるそうですね

僕は指先が強いんですよ。握力が強い。爪が（伸びて）白くなってから、グローブしてグリップすると、ここに爪が当たって痛いんです

青木さんは、爪を手のひらに当てながら、話し始めました。私は身を乗り出して、青木さんの指先をのぞき込みました。すると、青木さんはこんなふうに続けました。

それで爪を削って、指先に（爪の伸びた部分が）いかないようにして。これが爪の音でしょ（机をたたく）。これが指の音ね（机をたたく）

一瞬の出来事で、音の違いもわからず、カメラも追い付きませんでした。私が「もう一度」とお願いすると、青木さんはカメラのほうに指先を向けてくださったのです。アップになった青木さんの手は、ものすごい深爪で、爪が伸びて白くなった部分は完全にありません。まるで爪が指と同化したようになめらかで、完璧に整えられていました。「うわー、これが世界のアオキの指先なのか！」と息をのみました。

爪を切るというより、研ぐっていう感じですか

そう。甘皮まで切っています。爪切りを持ってきていたら、研いでみてお見せしますけどね

この話はさらに深く発展し、青木さんがゴルフ場には欠かさず爪切りを持参していたことや、２００４年に世界の殿堂入りしたときに、ゆかりのあるものとして愛用の爪切り

が展示されていることを明かしてくれました（ちなみに麻雀パイ、釣り竿も飾られているそうです）。

何気ない話がきっかけでしたが、青木さんが指先を動かしたジェスチャーに着目し、そこをもう一度質問したことで、爪を研ぐほどまでに細部まで全神経を注ぎ、自分の長所である握力の強さを最大限に活かす工夫や努力をしていた青木さんの哲学をうかがうことができました。

身振り手振りを使うのは、相手が自分にきちんと伝えたいと思っているからこそ。

その思いを汲み取って、どんなこだわりがあるのか、解き明かしていくように聞いていくと、会話は間違いなく盛り上がっていきます。

そして、ジェスチャーが出るということは、相手がリラックスしていることの現れです。

相手との距離が一気に縮まる絶好のチャンスともいえるでしょう。

身振り手振りつきの話を見逃さない。

PART 2

16

ラスト5分で思わずポロッと言わせる必殺フレーズ

相手に聞きたいことがあるのに、なかなか質問を切り出せないまま、タイムアウトになってしまった経験はありませんか。思わず別の話で盛り上がってしまったり、面と向かって言いにくい話だったり。そんなシチュエーションです。

雑談から入り、本題に入ってもなかなか思いどおりに話が進まず、そうこう言っている間に時間が過ぎてしまい、「今日は無理だな」とあきらめかけたラスト5分。使えるフレーズがあります。

「これだけは、聞いておきたいのですが」
「最後にひとつだけ、お聞きしたいのですが」

私はこれを「必殺フレーズ」と呼んでいます。そのくらい効果的だと思っています。

いろいろな利点があります。


まず、**仕切り直しがしやすい。**

今までしていた話題とまったく関係ない質問をすると、普通は空気が読めないと思われますが、このフレーズをクッションにすれば、「残り時間がない」ことが理由になり、気にならなくなります。


次に、**重要だと認識してもらえる。**

このフレーズは相手と会話のゴールを共有することになります。相手に「この質問が最後だ」と思わせることは、「最後なのね、だったらきちんと答えてあげよう」という気持ちを抱かせ、自ずと「最後だから大切」という意識を持ってもらえます。


さらに、相手の回答にもプラスの変化が生じます。

ゴール（＝終了）目前なので、**「結論から、コンパクトに」答えてくれる方が大半**です。前置きをダラダラ話す方はほとんどなく、ひとことでまとめてくれるのです。

「最後だから、まぁ、いいか」と気が緩んだ結果、**思わぬ本音がポロっと出ることも**よくあります。だから、あえていちばん聞きたい質問を最後にとっておき、この必殺フレーズを使うというテクニックもあるのです。

ただし、質問は「3つ」ではだめですよ。**「ひとつ」であり「最後」であるからこそ、相手は油断し、気持ちを開いてくれる**のですから。

たとえば、こんなシチュエーション。

打ち合わせが終わり、エレベーター前での別れ際に、

あの契約の件、どうなりましたか？

食事が終わり、席を立ってレジで会計しているときに、

例の彼と、あれからどうなっているの？

いかがでしょう。最後に思わずポロっと言ってしまった経験が、みなさんにもありませんか。

そんな直球が許されるのも、ラストワンの必殺フレーズならではです。

最後にひとこと。あまりにも相手が気持ちよく話していて、最後の必殺フレーズを出しそびれてしまった……。そんなときもあるかもしれません。

大丈夫です。何より優先すべきは、相手の「ほんわか」です。その場では、とにかく「楽しく話せたなぁ！」という満足感を持って帰っていただきましょう。

「最後にひとつだけ」で
本当に聞きたいことを
引き出す。

PART 2

17

話し下手な人の話は「1行まとめ」で理解

ここまで、感謝とリスペクトの気持ちを持って、話を聞くためのコツをお伝えしてきました。でも、きっと、こんな反論をお持ちの方もいらっしゃるのではないでしょうか。

「そうはいっても、話し下手な人の話をどう聞けばいいの！」

おっしゃるとおりです。どんなに聞こうという意識を持っても、耳に入ってこない話というのはあると思います。

言わずもがなですが、「自分にとって聞くメリットがまったくない。むしろ害である」という話はもちろん聞く必要はありません。

しかし、あなたにとって少しでも〝聞く理由〟がある相手の話であれば、なんとか聞けるようになりたいものです。

相手の話が長すぎて、集中力が途切れる。

何が言いたいのか、結論がいつまでも見えないから疲れる。

このような「聞きたくなくなる理由」は、そのまま「話し手としての技術」を磨くうえでの反面教師にもなります（詳しくは191ページからの第3章へ）。

私の場合、相手の話を聞けなくなるのは「自分と関係ないや」と思った瞬間からであることを発見しました。ですから、意識的に**「この人の話から何を学べるか」**という積極的な姿勢を持つように心がけています。

おすすめは「1行まとめ」の習慣です。

たとえば、朝礼で部長の訓示があったとき、「部長の話、今朝も長かったなぁー」だけで終わっていませんか。

「最初は天気の話で、次は、新規事業がもうすぐ始まる話、そして、最後はなんだっけ……」。

部長がいちばん言いたかったのは何なのか。

朝礼が終わったらデスクに戻って、手帳を開き、「1行にまとめておく」。これが「聞く力アップ」のレッスンになります。

話し下手な人の話は1行でまとめて、聞く力アップ。

PART 2

18

話が長い人には、「名前を連呼」

「マシンガントーク」という言葉があります。機関銃（マシンガン）のようにダダダダダーっと、途切れることなく話すことを指します。

芸人さんの芸としての話ならおもしろく聞けても、日常会話の中で、誰かのマシンガントークを聞くのは疲れてしまいますし、時間が気になることもあります。

私の経験からくる感覚としては、**複数人の会話の中で、一人の話を集中して聞けるのは45秒程度。1分を過ぎてくると、「話が長いなぁ……」と聞きづらくなってしまいます。**

では、どうやったら、延々としゃべり続ける相手の機嫌を損なわず、話を上手く遮ることができるのか。

解決策のひとつに、**「〇〇さん、〇〇さん」と名前を連呼してみるという**

テクニックがあります。

番組で政治家の討論を仕切るとき、一部のゲストだけがたくさんしゃべって、時間が過ぎてしまうという場面に頻繁に遭遇します。

ゲスト全員にバランスよく話してもらわなければなりませんから、司会の私としては、この「マシンガントーク」を体を張ってでも制止しなければなりません。

しかし、相手は百戦錬磨の論客たち。論破しようと懸命です。私が必死に「お話、長いですよー」と視線で訴えても、スタジオのADが「CMまで残り1分です」とカンペを出しても、そう簡単には話をやめてくれません。とはいえ、相手の話に、自分の声をかぶせて割って入るのは失礼で避けたい行為です。

そんなピンチの場面では、こんなふうに声をかけると、話をいったんやめて、黙って聞いてくれることが多いのに気づきました。

山田さん、山田さん……。おっしゃりたいことはわかります、山田さん!!

と名前を連呼して、畳みかけるスタイルです。

大事なのは、そこに**「共感の言葉」をはさんでおく**こと。

なぜなら、自分の考えを長々と話している人に、否定の言葉をはさむと、もっと説得したくなってますますヒートアップしてしまうからです。

山田さん、山田さん……。そうじゃなくて、ちょっと待ってください、山田さん!!

これはNGです。待ってくれるどころか、いつまでも終わりません。

「わかります」

「なるほど」「たしかに」

こういった肯定ワードを必ず差し込んで、名前を連呼。これがポイントです。

人は自分の名前を呼ばれると、少し冷静になれるもの。

そして、「なるほど」「たしかにそうですね」「わかります」というような、共感の言葉を投げかけられると満足して、落ち着きやすくなるものです。

長い話を途中で引き取って、次の話題や自分が話したいテーマに上手く転換できれば、コミュニケーション力がぐんと上がると思います。

長い話に
上手に割り込むには、
「共感する」あいづちと
一緒に名前を連呼。

PART 2

19

早口な人には、「ゆっくり、要約」

忙しい人、せっかちな人……、さまざまな理由で、話すスピードが速い方がいらっしゃいます。

聞く側は、「内容を聞き漏らすまい！」と頭をフル回転にせねばなりませんが、上手に聞くコツがあります。

「こちらが意識してゆっくり話す」こと。
相手の〝ペースメーカー〟になることです。

ビジネスでも、限られた打ち合わせ時間の中で、あれもこれもと目的を達成しようとすると、どうしても早口になってしまうときがあると思います。気持ちが急くと、肝心の結論を言うのを忘れてしまって、次から次へと別の話に飛んでいってしまう……。

さらに、早口は伝染します。相手につられて聞くほうも早口になってしまい、一対一ならまだしも、グループの飲み会で全員がハイペースでしゃべり続け、話の意味がわからなくなってしまった、という失敗は私にもあります。

ここで聞く側は次の2点に注意しましょう。

第一に、相手は自分が早口だという自覚がありません。夢中でしゃべっているので、ペースダウンするよう気づかせてあげることが重要なポイントです。

とはいえ、面と向かって「早口だから、ゆっくりしゃべって」とは言いづらいですよね。だからあえて「自分はゆっくり、ゆっくり」聞いてみるのです。

具体的には、相手の語尾をとらえ、**「〇〇なのですね」と、ゆっくりとオウム返しする**だけでも効果があります。ゆっくり話しかけられると、その間合いでワンテンポ、一呼吸することができ、自ずと自分のペースの速さに気づいて、口調をペースダウンできます。

次に、**「要約しながら聞くこと」**です。

これは早口で、言いたいことが決まっておらず、だらだらしゃべる人や、結論を飛ばして話が飛んでしまう相手に効果があります。途中で割って入っても構わないので、「そうなんですか。〇〇〇ということですね」と、区切りのいいところで話の内容をまとめてあげる。

文章でいうと、一項目ずつまとめてあげて、次の項目に送り出していくというイメージです。

せっかく話がおもしろくても早口だから伝わらなかったのでは、もったいない！ 聞き上手の腕の見せどころかもしれません。

早口な人を
相手にするときは、
こちらが
ペースメーカーになる。

PART 2

20

シャイな人には、「答えやすい質問を」

「話をするのがどうしても苦手」という方もいらっしゃいます。

初対面の人と会うだけで緊張して、挨拶の後に言葉が続かなくなってしまう。自分の意見を口にするのが恥ずかしい。そんなシャイな相手であっても、できるだけリラックスしていただいて、会話を発展させていく。

さまざまな方を取材する記者時代、そしてキャスターになってからも、私がいつも自分に課してきたことのひとつでした。

できることはいくつかあります。

相手が緊張している様子を感じたら、すかさず「共感」の言葉を発すること。

緊張しちゃいますよね
いきなり聞かれても、答えられませんよね

語尾に「ね」をつけながら、相手の緊張や「答えられない心情」に寄り添う言葉をかけると、相手は「理解してくれる人がいる」という安心感を得られて、少し緊張がやわらぎます。

次に、**質問をするときには、できるだけ相手が「答えやすい工夫」をすることです。**

前述の「数字で聞く」といったテクニックもしかり。できるだけ具体的に答えやすいような問いかけを心がけてください。

極端に口数が少ない相手の場合には、まずは「はい」「いいえ」で回答できる質問から始めて、会話のキャッチボールを複数回行うテクニックもあります。「相手に話しやすくなっていただくことが先決」なのです。

たとえば、

趣味はありますか

はい

旅行とか

そうですね

海外に行くことも多いんですか

はい

年に何回くらい

2回は

去年はどちらに行かれましたか

ヨーロッパをまわりました

こうやって、答えが短くて口数が少ない方でも、やりとりをすることで会話にリズムが出てきて、相手が話しやすくなっていくものです。

できるだけ、会話が膨らみやすい問いかけを心がけてみてください。

シャイな人と話すときは、答えやすい質問で会話のキャッチボール。

PART 2

21 会話を回すには、「アイコンタクト」

コミュニケーションの基本は一対一ですが、職場や友人同士の集まりで、3人以上で会話をするシチュエーションも少なくないと思います。

たとえば、ここにあなたと、お友だちのAさんとBさんとの会話が始まったとしましょう。3人とも旧知の仲ですが、Aさんはとってもおしゃべり好きで一度話し出すとなかなか止まりません。

一方のBさんは控えめな性格で自分から積極的に話に割り込むタイプではありませんが、久しぶりの再会なので何か話したいトピックがありそうです。

そんなとき、Bさんの気持ちを察し、**上手に会話のボールを〝回す〟役割を担うのが、コミュニケーション上手の作法です。**

ポイントになるのは目線、アイコンタクトです。

楽しそうに話を続けるAさんにうなずいたり、クッションワードを返したりしながら、Bさんにも、ときどき目線を送りましょう。

「あなたも何か言いたいことあるの？」「今、何か意見したい？」という気持ちを込めて、目線を送るのです。

もしBさんがその気持ちであれば、きっと〝目線〟で意志を返してくるはずです。そうしたら、すかさず、「Bさんも同じようなことがあったの？」「何か言いたそうだね、Bさん」と振ってあげるのです。

Bさん自身がAさんの話に割り込むよりも、その場の雰囲気を崩しません。

このように、3人以上のトークをバランスよく回す役割は、キャスターが日常的に求められる役割のひとつです。

テレビに出演される専門家の方々の中には、ご自身の主張をしっかりとなさる積極的な方もいらっしゃれば、緊張から言葉が少なくなってしまう方もいます。

視聴者の方々が「あの人の意見も聞きたかったのに」とフラストレーションをためるこ

とがないよう、バランスよく話を振っていかなければなりません。
そんなとき、私は「アイコンタクト」を活用していました。

さらに、目線が合わなくても、聞いているゲストの表情をくみとって、話を振るテクニックも有効でした。

苦笑い、驚き、大きなうなずき。言葉ではなくて、ゲストの表情から発信したい内容を読み解き、「いま〇〇さん、苦笑いして聞いておられましたね」と声をかけるだけでも、「いやー、そうなんですよ」と待ってました、と言わんばかりに会話が続き、話が上手く広がっていくことがありました。

そこにいる誰もが気持ちよく会話を楽しめる空気をつくる「会話を回す技術」も、ちょっと意識してみてください。

話を聞きたい人に、アイコンタクトで話を振る。

PART 2

22

ウソを見抜くには、沈黙を

タイトルを見てギョッとしたあなた！

ウソをついても相手がコミュニケーションの達人なら、簡単にバレてしまいますよ！

というのは言い過ぎかもしれませんが、**嘘をつくときや、何かをごまかそうとするとき、目線に変化や特徴が出やすい**のはやはり間違いなさそうです。

私はもともと記者出身ですので、仕事柄、いろいろな場で実例を見てきました。

事件記者時代に取材したある容疑者は、雑談では目と目を合わせているのに、話が事件の核心部分になると、目を左下から斜め上まで泳がせるのです。

何度も試しましたが、その質問にだけは、目線を左に外して、周囲を見渡すような素振りを見せながら、結局、答えない。数日後、逮捕される運びになりました。

「目は口ほどにものを言う」とはこのことです。

また、ある事件の極秘情報をつかみ、捜査を担当していた大阪府警の所轄署の副署長に直撃しに行ったときのことです。事実だと、ちょっとしたスクープです。私は副署長のデスクに近寄り、隣に座って、いつものようにニコリと会釈した後、ズバリ、聞きました。

「○○の件、そちらで逮捕しているけど、非公表にしていますよね」

副署長は私の〝いつもの笑顔〟にすっかり油断していたようです。

「えーっと……」と言ってモゾモゾし始め、目線をデスクの引き出しへやり、開けたり閉めたりを繰り返します。

その間、**私はただ黙って、じーっと副署長の顔を見つめていました。**

夕暮れどきの警察署内。副署長は7つの引き出しを開け閉めしながら覚悟を決めたのか、この後、ひとこと。

「小西くん、署長のところに行って詳しく話をしようか」

そして事実確認し、スクープとなりました。

ウソかどうかを見抜きたいときは、いきなり核心をついて聞くのではなく、本人の表情を緩めさせてから。緩んだところで、短く核心を突く。

そうすれば、かなりの確率で目線が変わります。その一瞬の変化を逃さないこと。

核心をつくときは
相手を緩めてから。
目線の変化を逃さない。

PART 2

23

うなずくだけで〝味方〟になれる

雲の上の憧れの人、一度は話を聞いてみたいと思っていた人の講演会やパーティーに出席するチャンスをつかんだとき、あなたはどう振る舞いますか？

名刺交換をお願いするのは図々しいと思われないだろうか……なんて考えているうちに、お目当ての人の前には挨拶を求める人の長蛇の列。時間だけが過ぎてしまい、「せっかく来たのに挨拶さえできないかも」とウジウジ。

そんなときには、**無理に言葉を交わそうとしなくてもいい**と思います。

「私はあなたに会いに、話を聞きに、ここに来ました」

それが伝わるだけで十分なのです。

ただし、何もしなければそれも伝わりません。

必要なアクションは、**その人の視界の中に入ること。しかも、その人が〝目が合う相手〟を求めているタイミングが最も効果的です。**

そのタイミングはいつかというと、パーティーで言えばスピーチの時間。どんなに偉くて場数を踏んでいる方でも、大勢の前でマイクを持たされる時間というのは多少なりとも緊張するものです。「誰か、私の話を熱心に聞いてくれている人はいないかな」と内心では〝味方〟を探しているのです。

だから、あなたが積極的に味方になる。

顔を向けて口角を少し上げ、大きくうなずきながら話を聞くだけで、相手は「この人は私の話を聞いてくれている」と安心し、きっとあなたの顔をインプットします。

次に会える機会があったら、「あのとき、こんなお話がおもしろかったです」と感想を伝えたら、あっという間に打ち解けるでしょう。

立ち位置も重要で、真正面よりもやや斜め前くらいがベスト。

話し手が、ふと気を緩めて目線を横に動かしたときに目が合うくらいが〝安心感〟につながります。

さりげなく相手の視界の中に入り、いつの間にか〝味方〟になる。

このワザは、私が世界的スターとの距離を縮める際にも大いに役立ちました。

そのスターとは、ベッカム。あの元サッカー選手のデビッド・ベッカムです。


私がロンドン支局に特派員として派遣された2001年頃、ベッカムはヨーロッパではすでに大スターでしたが、日本ではまだほとんど知られていない存在でした。

ヨーロッパや中東の社会情勢をリポートする仕事のかたわら、現地の大衆紙の一面を毎日のように飾っているサッカー選手がいることに気づき、それがベッカムという名であることを知りました。見てのとおり、日本人好みのイケメンです。さらに、翌年の2002年にはサッカー日韓W杯という大イベントが待っています。


絶対に彼は日本でもブレイクする！

そう確信した私は、彼の資料を集め、時間が許す限りデジカメ片手にローカルの試合も観に行き、いつ日本で特集が組まれてもいいように取材を始めました。

取材といっても、スター選手のベッカムに直接マイクを向けることなどできるわけもなく、世界中のメディアが集まる記者会見に出席するのが精一杯。私は少しでもベッカムに顔を覚えてもらえるようにと、できるだけ視界に入る位置に座るようにしていました。

ポイントは、座る位置です。真正面ではなく斜め前くらい。ベッカムが少し目線を外したときにふと目に入るくらいの位置をねらって。

真正面から見つめると相手に威圧感を与えてしまいますが、相手がちょっと目線を外したときに目が合うと〝やすらぎ〟や〝安心感〟を与えられると思ったからです。

そして、**目が合うと、私は大きくうなずいて、「私はあなたの味方ですよ～光線」を送っていました。**

遠征先での「入り待ち」「出待ち」も工夫しました。

移動するバスから降りてくる選手を宿泊するホテル前で待ち構えるときも、事前に動線をチェックして、ベッカムの視線にさりげなく入る位置を確保。ホテルを出る場合も同様です。

そうやって細かな作戦を重ねていき一年ほど経った頃、彼も私を認識してくれるようになりました。すると、デジカメで撮る「ベッカム様」がカメラ目線になり、明らかによいものになってきました。

こうして私は日本でのベッカム人気とともに自称「ベッカム番記者」となり、髪形、移籍、ありとあらゆる話題で、取材は8カ国14都市にも及んでいったのです。

そして、オランダでベッカムと当時パルマに所属していた中田英寿選手が対戦するというときがやってきました。空港でいつものように待ち構えていた私がマイクを向けると、ベッカムはひとこと、答えてくれたのです。

ヒデとの対戦を控えていますが、いかがですか？

そうだね、とっても楽しみにしているよ！

ついにやった!! 初めての単独インタビューです。

1年近くに及んだ小さなアピールの積み重ねが実を結んだ瞬間でした。

この様子を放送した番組で「そのとき、2人の距離は0センチ！」とテロップが入ったことには、私自身もビックリしましたが。

なかなか気軽には近づけない相手との距離を縮めたいときのご参考になれば幸いです。

言葉を
交わせないときは、
うなずきで信頼を築く。

COLUMN 2

座る位置の工夫も「聞く力」

相手との人間関係によって、どんなテーブルで、どんな位置に座り、どんな照明にすればより会話が弾むのか、考えたことはありますか？

取引先との会食や初めてのデートなどのシチュエーションや会話の目的に応じて、場所や座り位置の設定を工夫することによって、雰囲気が変わり、相手との距離感を縮めることができます。

知っていて損しない相関関係をご紹介します。

対面座り

いちばん緊張する位置関係です。インタビューのときによくこの方式がとられますが、聞かれる側も、身構えているのがよくわかります。オフィシャルな雰囲気で、きっちり進行をしたいときや、契約など確認事項がある打ち合わせに向いているといえるでしょう。
テーブルが大きすぎると、警戒心も芽生え、なかなか親密になれません。

90度座り（L字型）

いちばん話しやすい位置関係です。オフィシャルにもカジュアルにも使え、相手との距離を測りながら雰囲気をつくれる配置です。ずっと相手の目を見続ける必要もありません。

ある政治家は、番組中に話が乗ってくると、顔を近づけて「ここだけの話だけどね……」と、ひそひそと内緒話を教えてくれます。対面では顔を近づけにくいですよね。

カウンター横並び座り

相手と親しくなりたい場合は、これですね。親密度が増します。目線を合わさなくてもよいため、深刻な話や言いづらい相談事をするのにも向いているでしょう。

このとき、椅子は、バーカウンターによくある高さがあって足元がぶらぶらするものよりも、しっかり足が床につき安定するもののほうがよいでしょう。重心が下がって落ち着くからです。目の前に小さなキャンドルがあったりすると、恋人同士ならずとも、リラックスしつつ、話に集中できるという効果があります。

丸い木製テーブル＋掘りごたつ式

グループで話すとき、このスタイルは盛り上がります。

政治部記者から番組の進行役をつとめるキャスターとしてデビューしたときのスタジオセットがこの形式でした。夕方の報道番組『ニュースプラス1』の中の「爆論！言わせてもらうぞ!!」という25分間の特集で、政治家など論客4～5人による「激論」を仕切るのが私の役目だったのですが、円卓は参加者全員の顔がよく見えるため、話に割って入りやすく、「○○さん、今ちょっと、苦笑いしていましたよね？」といった振りをしやすい効果もありました。また、掘りごたつ式は足元を崩しても周りに見えないので、体を緩ませることができるリラックス効果がありました。

司会は未熟でしたが、セッティングに助けられ、冒頭から議論が白熱しました。

丸い白テーブル+暗い照明+ピンスポット

『闘論～トークバトル』という1時間の討論番組でとっていたセッティングです。

スタジオ全体の照明を暗くして、円卓に座る出演者だけに照明が当てられました。じっと目を凝らすとゲストの奥にカメラがある、という環境になります。

議論はよく「焚き火」にたとえられます。さまざまな方向から薪をくべ、燃え盛るのがいい議論であると。その意味で、最も議論の発火が早かったのが、このスタイルです。同じ丸テーブルでも、照明でこんなにも違いがあるのかと実感しました。周りの余計なものが目に入らないことには「人を話に集中させる効果」があるのでしょう。

近すぎず、遠すぎず。相手と適度な距離をとるのが、聞き上手のテクニック。

とっておきの話をしたいときには、話す環境づくりにも気を配ると、それだけで会話の充実度が違ってくるはずです。接待や商談、盛り上がりたい女子会など、さまざまなシーンで参考にしてみてください。

PART 3

話す力の磨き方

相手を「ほんわか」させて、その場で話したいと思っていたことを話してもらいながら、自分の聞きたいことも引き出す。

そんな「聞くテクニック」を身につけたら、今度は相手に自分の話を気持ちよく聞いてもらうための「話すテクニック」を磨いていきましょう。

会話上手な人が実践している「自分が伝えたいことを、効果的に伝える手法」はいったいどういったものなのでしょう。ポイントを挙げるとしたら、この3つに集約されるのではないでしょうか。

1）相手に対するリスペクト
2）予告とメリハリ
3）コンパクトはインパクト

まず、大事なのは、「あなたと話せてうれしい」というメッセージです。リスペクトを受け取るだけで、聞き手である相手は心を開き、〝聞く耳〟を持ってくれます。

そのうえで、話をするわけですが、だらだらと長く散漫に話をしても、相手を退屈にさせ、疲れさせてしまうだけです。私は**話の展開にメリハリを持たせ、これから話す内容について「予告」をすること**を強く意識するようにしています。

そして、**一文一文をできるだけ短く、コンパクトに。**短く言い切ることで、相手も理解しやすくなり、会話のリズムもよくなります。

「リラックスして話ができるうえに、この人の話はわかりやすい」

そんなふうに思わせることができたら、コミュニケーションの達人の域です。

では、これから、この3つのポイントの具体的な方法はもちろん、私が無数の話し上手のゲストの方々から学んできた話し方のコツを、詳しくご紹介していきましょう。

PART 3

1 会話中に相手の名前を呼ぶ

「この人は話し上手だなぁ」と思わせる方の共通点には、何があるのでしょう。

私が確信を持っている共通点のひとつが**「相手の名前を呼ぶ」です。会話の中に自分の名前が入るのは、誰でもうれしいものなのです。**

私も放送中の番組の中で、ゲストから「小西さん、さっきおっしゃいましたけどね」というように、自分の名前を呼んでいただけることがたまにありました。

演説の名手として有名な元総理大臣、講演で全国引っ張りだこの経済学者、わかりやすく親しみやすい解説でおなじみの歴史学者。

コミュニケーションの達人と呼ばれている方は、必ずといっていいほど、相手の名前をはさみながら、会話を弾ませるテクニックをお持ちだったのが印象的でした。

なかでも特にうれしいのは、さっき初めて会った人なのにもかかわらず、名前をすぐに覚えて呼んでくださるケースです。

生放送の緊張の中、すっと心がほぐれるのが自分でもわかる瞬間でした。

「小西さん」と名前を呼ばれることで、私のことを番組キャスターというよりも、個人として大切にしてくれているというメッセージと受け取れ、素直にうれしくなるのです。

緊張が和らぎ、「自分も相手を大切にして応えよう」との思いにつながりました。相手との距離がぐっと縮まり、会話が弾んでいくターニングポイントにもなります。

会話の中で相手の名前を入れるのには、いろいろなパターンがあります。

「〇〇さんが、さっき指摘したように私も……」(同意)
「〇〇さんなら、もうご存知かもしれませんが……」(前置き)
「〇〇さんも、そう考えていらっしゃるのですね」(共感)

以前から知っている人との間では、相手の顔と名前が頭にインプットされているので、会話の中に相手の名前を入れながら話を運ぶことは、そう難しくないでしょう。

ですが、初対面で相手の名前を入れるのには、ちょっとした意識づけが必要です。だからこそ、初対面であればいっそう効果的なのです。

面と向かっているので、名前を呼ばなくても会話は問題なくできます。それでもあえて名前を呼ぶことは、「あなたのことを大切に思っていますよ」というメッセージ。相手の心をあっという間にほぐす達人が実践しています。

名前を呼ぶことで、
相手に対する
リスペクトを示す。

PART 3

2 名前は絶対に間違えない

相手の名前を呼ぶことが「話し上手」の共通点のひとつ、とPART3-1でお伝えしましたが、その際にもうひとつ、重要なポイントがあります。

それは、相手の名前は決して間違ってはいけない、ということです。

私は番組で、多いときで6人のゲストの討論を仕切ることがありました。丸テーブルをみんなで囲み、激論するのを、「はい、○○さん」「次は○○さん、どうぞ。どんなお考えですか」という具合です。ほぼ全員と初対面で、しかも名刺交換を数分しただけでスタジオに入り、やり直しのきかない生討論を仕切らなければならない、という場面も数多く経験しました。

見た目は全員ダークスーツ姿の男性ばかり。各ゲストの特徴もつかめないまま本番に入り、あろうことか、名前を間違って呼んでしまうという大失敗を経験したことがあります。

こういう場合、キャスターに恥をかかせまいと、ゲストご本人は黙っておられ、指摘しないことがほぼ100％です。隣のキャスターがすかさず訂正してくれるか、番組スタッフが正しい名前を書いた紙を出して、間違いに気づかせてくれるのです。

キャスターとして、絶対にあってはならない失敗。せっかく来ていただいたゲストに大変失礼で、申し訳なく、恥ずかしく、ただただ猛省しました。

それからは二度と名前を間違わないよう、ゲストの座席順に名前を書いた小さなメモをつくり、ゲストに見えないよう、こっそり机の上に貼っていました。

読み仮名の正誤も、気をつけなければいけません。

荻原さんでも、「おぎはら」さんと「おぎわら」さん、熊谷さんには「くまがや」さんと「くまがい」さん、笹川さんは「ささがわ」だけかと思っていましたが「ささかわ」と濁らない場合もあり、注意と確認が必要と知りました。

会社名でも「日本」は「にほん」と「にっぽん」。

「○○研究所」も、「けんきゅうしょ」と「けんきゅうじょ」と違いがあります。

名前や社名、肩書の読み方には、意外と落とし穴があるものなのです。

間違いが起きる心配が少しでもあるとき、私は、ゲストが1人だけの場合でも安心せず、平仮名でメモに書き、盗み見できるところに置いていました。

繰り返しますが、決して名前や肩書は間違えないこと。

なぜなら、もし**間違ってしまっても、ご本人からはなかなか訂正しない**ものだから。結果として気づかないまま間違った名前を連発し、失礼を重ねる最悪の事態も招きかねないのです。一瞬にして信頼を失ってしまいますよね。

初対面の方々と大人数でミーティングをするときには、資料などの片隅に、並び順にさっと名前を書いておくことをおすすめします。**間違いやすい読みは、ひらかなで。**

間違うくらいであれば「○○さんですよね」と、最初はご本人に確認してもいいと思います。その都度、相手の名刺を見て確認しても失礼にはあたらないと思います。

相手の名前を大切にする。それだけでも、相手にリスペクトは伝わるはずです。

ひとつ、結果的には笑い話になった、『深層NEWS』の生放送中に起きたエピソードを披露します。

その日のテーマは「マグロの危機と食卓」。ゲストには、さかなクンをお招きしていました。まずはマグロの種類について、さかなクンが自筆のイラストでユーモアたっぷりに説明してくださり、番組は楽しく進行していきました。議論が深まった中盤、今後の課題について、専門家の立場からさかなクンにコメントをいただくというタイミングで、私の隣に座る読売新聞の近藤和行キャスターがこう言ったのです。

さきほどね、マグロクンから指摘があったように……

え？　マグロクン？

まさかの呼びかけに驚いたさかなクンも思わず、「え、マグロクン？　さかなクンです」と切り返し「ギョギョギョッ！」なリアクション。スタジオ中が大爆笑となって、事なきを得た出来事でした。

名前は、読み仮名まで
しっかりと確認し、
絶対に間違えない。

PART 3

3

自慢話より、シクジリ話

雑談で迷ったなら、自慢話より、断然シクジリ話のほうがいいと思います。

自分の欠点や失敗をさらけ出す、いわゆる「自虐ネタ」。私のような関西人の会話では日常的に登場しますが、場を和ませる効果は絶大です。

関西人の私には、自分が失敗すると、「あ、しまった」と思う反面、「おいしい！」と思って、誰かに話すネタにしよう、とする習性があります。ここだけの話ですが、忘れないようエピソードをメモしておくことまであります。

単に笑いをとりたい、という関西人のサガかもしれませんが、誰かを傷つけるのではなく、自分を落として、相手との距離を近づけ、即効「ほんわか」をつくり出せる、会話のテクニックでもあります。

とはいえ、関西人のように、日常的に自虐ネタをおもしろくしゃべろうと思っているわけではない方が自虐ネタを話し出すと、悲壮感や必死感が漂ってしまって、周囲がドン引き。場が一気に冷え込んで逆効果、という現象を生みます。

なので、**単に、自慢話よりはプチ・シクジリ話、と意識するだけで大丈夫です。**

道を間違えた、電話をかけ間違えた、スカートがパツンパツンで張り裂けた、朝急いではいた靴下が左右違っていた……。私など、「眼鏡がない！」って探していたら、自分の頭の上にのっかっていたなんてことはよくあります。最近はスマホで電話中に、スマホを探していたりします。

こうした「私、しくじっちゃった」という、日常の小さな失敗エピソードは誰にでもあるはず。笑いをとろうとまでしなくても、プチ失敗談でよいのです。

自分をオープンにすることで、身構えていた相手の心のハードルがぐんと下がって、親近感や共感が増すのです。特に初対面では効果大です。

そして大事なポイントは、笑いのネタにするのは自分や自分の家族であること。

決して他人を落として笑いのネタにしないのが鉄則です。

冒頭、私は自分の自虐ネタをメモしていると告白しましたが、それはとっておきの失敗談。関西の女友達との雑談ネタとしてとってあります。

奇妙に見えるかもしれませんが、私の周りの関西の女友達は、久しぶりに会うと必ず「最近のいちばんおもしろい自虐ネタ」を披露して笑わせる傾向があります。これはもう牛肉でいうとA5ランク級のレベルです。最高に場が盛り上がります。

雑談も練習が大事！　スポーツと同じです。私も女友達に負けないよう、何度も周りの知人に話して、話す順序や間の取り方、声の勢いなどを試して磨き上げ、「小西美穂版スベらない話」をつくっています。

いやー、関西人って、ある意味面倒くさいですよね。笑いに貪欲。サービス精神の塊ともいえるでしょう。

他人を落として
ネタにするのではなく、
自分の欠点や失敗を
さらけ出す。

PART 3

4

「えーっと」の直し方

「えーっと」「あのー」「うー」「でー」

話しながらつい言ってしまう口グセ、実はほとんどの方が無意識のうちに身につけてしまっています。

時間にして数秒かもしれませんが、何度も耳にすると気になってきます。自分のクセには無自覚でも、他人のクセには敏感になるものです。

こういった口グセが出てしまう理由のひとつは「間が空くのが怖いから」なのだと思います。

一瞬の沈黙を埋めたくて、意味のない言葉を発してしまうのです。

なぜ間が怖いかという根本的な原因は「緊張」です。根本的解決のためには、緊張から解放されること。身の丈の自分のままでいい、という意識を持ちましょう（緊張を解くための私の実践については、69ページも参考にしてください）。

同時に、一度やってみることをおすすめしたいのが、**自分の悪いクセをきちんと自覚するために「自分を見つめる時間」を持つこと。**

具体的には、実際に話しているときの様子をICレコーダーやスマートフォンで録音してみて、聞き返してみるのです。

ギャー！　何これー！　やめてー！

自分の悪いクセを見つめるのは、恥ずかしく、悶絶するような苦行です。でも、これを乗り越えてこそ、成長がある！　と信じてください。

かく言う私も、長らく「そのー」という口グセに悩まされ、なんとか改善しようと努力してきました。

「人は、自分の嫌な面を発見することが、人生には必ずある。それはとても嫌なことで恥ずかしいことだけれど、それを見つめなければ一生直りません。乗り越えようとする人だけが、よりよい自分になれるのです」

という演出指導の先生の言葉に励まされ、レッスンを受けました。

意識して練習するだけで、ログセを発する頻度が20秒に1度から30秒に1度へ、次は50秒に1度へ……と改善されてきます。

さあ、勇気を出して録音を！

口グセを直すには、勇気を出して録音！

PART 3

5

沈黙は2秒ぐっとこらえて

ひとつ前のPART3-4で、「沈黙が怖いから口グセが出る」という話をしましたが、相手との会話のやりとりのなかでも、「沈黙を埋めることに必死」になってしまうことはありませんか?

たとえば、私は番組でゲストをお迎えし、トークを展開する中で、**相手の話の途中で次の質問を考えてしまう**ということがよくありました。

相手の話が終わってすぐに自分が質問をしないと沈黙ができてしまう、という不安から、次の質問を準備しておこうという心理が働いてしまうのです。

でも、これでは、途中から相手の話の終わりを待つだけになってしまい、せっかくいい話を提供してくださったのをスルーして、あさっての方向の質問をしてしまうという大きなミスを犯してしまいます。

次の質問を考えたり、用意しているメモに目を落としたくなったりするのをぐっとこらえ、相手の目を見て、話をじっくり聞く。

そして、**いま相手が話している中身から、何かを引っ張り出して質問しようと踏ん張って聞く**のです。

どうしても質問が思い浮かばず、恐れていた沈黙がやってきそうになったとします。

そのときは、オウム返ししていいのです。**「困ったときはオウム返し」**とすでにお伝えしましたね。

相手が最後に話した言葉を重ねて、「で、〜なわけですね」と聞き返すだけでも、会話はつながっていきます。

それでも沈黙が流れてしまったら。

大丈夫です。心配しているほど、沈黙は相手の印象を悪くしません。

私の感覚では、**2秒くらいの沈黙があったとしても、会話はスムーズに流れます。**

相手の話をじっくり聞いて、丁寧に質問を返す。そういう姿勢を示すほうが、誠実なコミュニケーションにつながるのではないかと思います。

会話のテンポを心地よくする「間」の技術はまさに職人技。私は落語やラジオをときどき聞いて、学んでいます。

沈黙を怖がらず、
相手の話をしっかりと
最後まで聞く。

PART 3

6

前置きの「予告ワード」が効果的

上司への報告、取引先での商談やプレゼンの場などで、「ここはいちばん聞いてほしい！」というメッセージを用意している場面は日常的にあることだと思います。

相手にいちばん伝えたい用件を話し出すときに、どういう「話の切り出し方」をするのが有効でしょうか？

相手への伝わり方が劇的に変わる、とっておきのひとことがあります。

私はそれを「予告ワード」と呼んで大切にしてきました。

これから話すことが大事な内容であることを予告し、相手の注意を引くマジックワードです。

「結論から申し上げますと」

「ひとことで言いますと」「大事なポイントは」

こういった予告を冒頭に加えるだけで、相手は自然とこんなふうに思ってくれます。


「今からこの人は結論を言ってくれるんだな」

「今からが大事なポイントなんだな」

「だったら、ちゃんと聞いておいたほうがいいな」


つまり、**相手側に〝聞く準備〟が整う**のです。

これが意外と大切で、聞く側の集中力を高めて話を聞いてもらえる効果があり、結果、あなたが大切に準備してきた〝いちばん言いたいこと〟がストレートに伝わるのです。


逆に、聞く側にとって最も苦痛なことは何でしょうか。

それは、いま相手が話していることが、はたして「結論」なのか「前置き」なのか、はたまた「ただの雑談で大事なことではない」のか、探りながら聞かなければいけない状況です。

せっかく集中して聞いていた内容が、最後になって「今のは全部、聞きかじりなんですけどね」とか「余談でした」なんて言われてしまったら、もうその人の話を聞く気持ちがなくなってしまいますよね。

ポイントを話したいときはまず予告。それが親切な印象と確実な伝達につながる技術です。

相手（＝聞き手）に対するリスペクトでもあります。

メッセージを
伝える前に、
聞く準備をしてもらう
「予告ワード」を。

PART 3

7

反論をしたいときは「前置きのフレーズ」を

ゲストの討論をさばいていると、「反論が上手だなぁ」と思う方々の話し方には、ある共通点があることに気づきます。それは何かというと、反論する直前に「前置き」があることです。

相手の意見とは異なる意見を主張するのが上手な方は、たとえばこんなフレーズをはさんでから、自分の意見をおっしゃっています。

「ご存知かもしれませんが」
「そのあたりはよくわかるのですが、ただ、……」
「ちょっと、意見を言わせていただきたいのですが」
「不勉強かもしれませんが、一点指摘させてください」

こうしたフレーズを言われると、あなたならどう感じますか。少なくとも、

「自分の意見と、ちょっと違う角度で質問するのだな」
「しっかり聞いておかないといけないな」

と、心構えができるのではないでしょうか。

つまり、相手は「反論に答える準備」ができます。聞きながら次の意見を考えることができ、意見が発しやすくなる。すると、会話の流れがスムーズになって、議論が深まる相乗効果があるのです。

反論するときに、こうしたクッションフレーズを使うと、相手と気まずい空気になりにくい、つまり意見を異にする相手とのザラつきを抑える効果もあります。

相手の意見を尊重する姿勢を損なわず、「これからあなたとの相違点を話しますよ」と、やんわりと伝え、建設的なやりとりをする。

反論上手な方の高度な技術です。

逆にいきなり反論されると、最後まで聞いていなくても、「自分の意見を全否定された」と不快に感じる方もいるでしょう。

あるいは、同じ前置きのひとことでも〝否定〟のクッションを使うのは逆効果です。

「そうは言っても」「でもね」「だけど」など、相手の意見を否定する言葉からいきなり始められると、相手はますます主張したくなってしまいますから注意をしてください。

反論するときは、前置きのフレーズをはさんで予告する。

PART 3

8

言い訳モードの予告はNG

大事なことを伝えたいとき、「予告ワード」（＝前置きのひとこと）を使うことがおすすめだとPART3-6でお伝えしました。しかし、場合によっては、逆効果になる悪い予告ワードもあります。

そこで挙げた、「結論から申し上げますと」「ひとことで言いますと」「大事なポイントは」。これらは相手に安心感を与える、良い予告ワードでした。

では、こんなふうに話を切り出されたらどうでしょうか？

「ちょっと準備不足な点はありますが」
「緊張して話がまとまらないかもしれませんが」
「ちょっと長くなってしまいますが」

これらは、特に目上の方に対して話をするときや、ちょっと話の内容に自信がないときに使うケースが多いかもしれません。

要は「言い訳」から話を切り出して、「自分の話はおもしろくないし、あまり内容もたいしたことない」と本題の前に告白してしまう形です。

あえてネガティブな印象をつける理由として、**「聞く側の期待値を下げてしまいたい、そうすれば恥をかかなくてすむ」という自己防衛の心理があります。**

しかし、こうした「言い訳」の前置きをされた相手は、どんな心境になるのか、考えてみてください。

「これから聞く話、準備不足なの？　大丈夫かなぁ……」
「まとまらないの？　だったら、全部の内容を注意深く聞いてないといけないなぁ……」
「長いの？　あまり時間ないんだけどなぁ……」

いかがでしょうか。言い訳から始まる話を聞くのは正直言ってストレスです。また、余計な先入観も芽生えてしまいます。

緊張をカバーするため、自信がないからなど、いろんな理由があると思います。

でも、悪い予告ワードを使うくらいなら、何も予告ワードを使わずに話し始めたほうがいい。

私はそう思います。

「言い訳」から始まる悪い予告ワードは使わない。

PART 3

9

まず言いたいことを

現在私が担当している『news every.』の「ナゼナニっ?」は、気になるニュースの疑問に答えるというコーナーです。

ここで私がいつも気をつけているのが**「コンパクトはインパクト」**という話し方のテクニックです。

ひとつの文をできるだけ短く区切り、語尾までハッキリと話す。**そして、いちばん言いたいことをはじめに言う。**

たとえば、ヒアリについて解説するというとき、集めた情報をただ詰め込んでそのまま話すとこうなります。

ヒアリは南米原産のアリの一種で、赤茶色で体長は2〜6ミリ程度です。非常に攻撃性が強く、腹部にある針で、敵を繰り返し刺すこともあり、アナフィラキシーショックによって死にいたることもあります。人間を襲うこともあって、海外ではこういう事例もありました。だから危険なのです

ここでいちばん言いたかったのは何かと突き詰めると、つまり、「ヒアリは危険である」ということです。でも、それは最後まで聞かなければ伝わりませんね。話し始めから数十秒経過して、やっと伝わります。

このように言い換えてみたらどうでしょうか？

ヒアリは危険です。なぜなら非常に攻撃性が強いからです。腹部にある針で敵を繰り返し刺すこともあり、……

ズバリ、**言いたいことが〝開口3秒〟で伝わりますね。** 1文が短く区切られているので、聞き手にとって理解しやすく、印象にも残りやすいのです。

「いつも丁寧に説明しているはずなのに、なぜか相手にちゃんと伝わらないなぁ」と悩んでいる方は、ぜひ、「1文を短くし、大事なことから話す」というルールを意識してみてください。

また、**「理由は3つあります」といった〝数の予告〟をする**ことも聞き手の安心感につながります。説明が長くなりそうな場合には、併せて使いたいテクニックです。

言いたいことを
まずはじめに。
長くなりそうなときは
〝数の予告〟を。

PART 3

10

どの順番で話す？「付せん」で準備

講演などを聞きに行く機会も多い私ですが、ごくたまに「これは最後まで聞くのはつらいなぁ」と感じる講演にあたることがあります。

わざわざ足を運んでいるくらいですから、話を聞きたいと思う登壇者であり、聞きたいテーマなのですが、なかなか頭に入ってこない。

その理由は、「話のロジックが理解できないから」です。

いま話しているのは、結論なのか、結論を支える根拠なのか？　その根拠はいくつあるのか？　それは客観的な事実なのか主観なのか？

一つひとつの話の位置づけと関係性が示されず、話している張本人も混同しながら、あっちへ行ったりこっちへ行ったり。迷走している話を聞くのは、ストレスですよね。

私も自分が話すときにはできるだけそうならないようにと、人前でまとまった時間、何かを説明するときには「話の筋立てを整える」ための準備をしています。

その際、おすすめのツールは、「付せん」です。

付せんのいいところは、貼って剝がせて自由に移動させられること。そして、色やサイズの違いで、グルーピングもできることです。

私の場合は、**付せん1枚につき、言いたいことをひとつずつ書いて、**バーっと目の前に並べます。

そして、並んだ付せんを眺めながら、**結論↓根拠↓補足といった優先順位にそって縦に上から順に並べ替えていきます。**

さらに、「根拠を示すときには、こんなトピックを入れよう」という具体的内容を思いついたら、それを根拠を書いた付せんの横に並べます。

まるで木の幹と枝葉のように、「話の大筋」と「それを補強したり発展させたりする説明」という関係性が〝見える化〟されていきます。

Ａ４サイズの紙１枚に貼れば、そのまま話をするときの手元のメモにもなります。

人にわかりやすく話をする大前提は、「何をどの順番で言うべきか」という脳内整理ができていること。


思いついたままに話し出すのはやめて、事前準備をすることはとても大事。私が企画のＶＴＲを制作する際に必ず実践していることでもあります。

プレゼンテーションや大勢の前で説明する機会に、ぜひ取り入れてみてください。

付せんを使って、
話す順序を整理する。

PART 3

11

聞き手の反応を見ながら柔軟に

目の前で熱心に話してくれているけれど、実は話についていけていないんだよなぁ。

そんな戸惑いを伝えられないまま、時間が過ぎてしまうこと、ありませんか？

聞き手の立場であれば、知ったかぶりをせずに率直に聞くほうがいいということは、PART2-14でお伝えしたとおりです。


では、「話す側として気をつけなければいけないことは？」というと、話を聞いてくれている相手の反応をこまめにチェックすることです。


相手が上の空になっていないか？

どこか腑に落ちていない感じはないか？

「キョトン」な表情があらわれていないか？

もしかしたら相手は「わからない」「知らない」ことを言いにくいのかもしれません。
だから、察したらこちらから言いましょう。

ごめんね。上手く説明できていないよね？

ちょっとわかりづらかったよね。どこからわからなかった？

ポイントは、先回りして「上手く話せていない」と自分から言うこと。

ありがちなのは、「わかる?」「わかります？」と相手に聞くパターンですが、そう聞かれるとつい「ハイ、わかります」とうなずいてしまう方が多数派です。
「あ、わかっているのならいいよね」と早合点して話は進んでいき、相手はさらに置いてきぼり……なんてことになってしまうのです。

「聞いている相手はわかっていないかも」という前提に立って反応を見るように心がけましょう。

相手の様子から理解度を読み取って、話のレベルを変えることも大切でしょう。

相手がちょっと退屈そうな素振りを見せたら、もっと話をかみ砕いてわかりやすく（もっと聞き応えのある話をしようと難しく話そうとするのは逆効果です）。

反対に、**メモを取ろうとするなど相手が積極的な姿勢を見せたら、よりレベルの高い話に。**

相手の反応に応じて柔軟にギアチェンジできると、スマートですね。

私は、現在『news every.』で、「ナゼナニっ？」というコーナーを担当していますが、そこでいつも気をつけているのが**相手の立場で徹底的にわかりやすく**です。

といっても、テレビ番組というのは収録中に相手が〝目の前に〟いるわけではありません。カメラを通して視聴者にお届けしているわけなので、プレゼンテーションをしながら相手の反応を見ることがリアルタイムにはできないという難しさが常にあります。

そこで、私は番組のメインキャスターで、コーナーの進行役をしてくださっているNEWSの小山慶一郎さんの力を借りています。

私の「ナゼナニっ？」コーナーは、毎回の放送が始まる約1時間前に小山さんにもスタジオに来ていただきリハーサルをします。ここで本番と同じイラストや写真、グラフなどを使って、私のプレゼンを聞いていただき、小山さんに意見を求めます。

小山さんは非常に勉強熱心な方であると同時に、報道畑でやってきた私たちにはない視点や視聴者を代表するような意見をたくさんくださる貴重な存在。

「この部分はよくわかりませんでした」「この説明図だと、こんな意味にもとらえられてしまうかも」と率直な感想を伝えてくださいます。ありがたい！

リハーサルでの小山さんのアドバイスは、視聴者の目線で疑問や関心を客観的に見て、もう一段掘り起せる重要なチャンス。私は何よりも大事にしています。

リハーサルが終わると本番まで40分を切っていますが、スタッフ総力で急いで修正作業にとりかかり、プレゼンをさらにわかりやすく仕上げて本番に臨んでいます。

もし、リハーサルで小山さんに「へぇ〜、知らなかった」と言ってもらえたなら、心の中で「よし！」。こうして、少しでも「へ・ほ・は」（95ページ）のあるニュース解説ができるよう、『news every.』スタッフ一同、日々努力をしております。

相手は理解していない
という前提で、
理解度をこまめに
チェックしながら話す。

PART 3

12 医者は「たとえ話」の名手

心臓外科医、白内障手術、腰痛治療のエキスパートと、これまで何人ものお医者さんをゲストにお迎えしてきましたが、間違いなく言えることがあります。

ほとんどの方が説明上手で、**特に「たとえ話」が上手**だということです。

きっと、日々の診察の中で、難解な医学用語を使わず、患者に症状をわかりやすく伝えることを実践されているからでしょう。病状や治療法、予防法について、身近なことにたとえながら説明する技術に非常に長けているという印象があります。

一方で、**カタカナや専門用語を多用するのはNG。**

相手にとって身近でない用語ばかり羅列すると、それだけで聞き手は「自分には理解しづらいこと」と判断して、すーっと心が離れてしまいます。
私も番組で、難しい言葉は使わないよう心がけています。役所の使う言葉や説明ではなく、どんな難解なニュースでも自分で理解してわかりやすく伝える。
そのために自分の言葉でしっかりとらえるよう努めています。どうしても固有名詞として使わざるを得ないときには、「つまり、○○ということです」と言い換えるようにしています。

難しい話をやさしく話せる、たとえ話の名手たちはこんなふうに話します。
慶応義塾大学医学部教授の伊藤裕さん。「健康は腸が決める？」と題して、腸の役割についてうかがったときのことです。番組冒頭、伊藤さんは、最新の医学研究をもとに、臓器の中で最も老化が早いのが「腸と腎臓」だと話されました。

え？　それぞれの臓器で老化のスピードが違うってどういうこと？

話についていけるか不安がよぎりましたが、すぐさま伊藤さんは、このように説明を続けました。

それぞれの臓器には、寿命、消費期限があるんです。持ち時間が決まっているということで、砂時計と一緒です。砂時計の砂が落ちていくように臓器の持ち時間がなくなっていくわけです。腸とか腎臓は、疲れやすい臓器なので、砂の流れ方が速いわけですね

砂時計が目に浮かんだだけで、話がストンと胸に落ちました。砂の量は決まっているから、砂の流れるペースをできるだけ速めないようにするのが健康維持に重要なのだと。

ほかにも伊藤さんは、「人間ドッグ」を「車検」と言い換え、「腸内細菌の遺伝子」を「指紋のようなもの」と言い、次々とたとえ話をして理解を助けてくれました。

それぞれに専門用語はあるはずなのですが、一切おっしゃらず、目からウロコの情報が満載の回となりました。

ここで大事なのは、「聞いている人がどんな人なのか」が念頭にあることです。

相手が医療関係者ならこうしたたとえは使わず、専門用語で説明を進めてもよいかもしれません。しかし、聞き手が一般の人なら聞き手にとって身近なもの、理解しやすいものに置き換えながら話をすることが必要です。

つまりこれが、**聞き手ファースト＝相手へのリスペクト**です。

でも、「即興でたとえ話ができるようになる」のはハードルが高いと思います。

ですので、仕事で難解な説明が必要な場合には、あらかじめ、**「これを人に説明するには、どんなたとえ話をするとわかりやすいかな？」**と準備しておくこと。それだけでも、話し上手に近づけるコツです。

たとえ話までいかなくても、日常生活や職場の会話の中で、周りの人が理解しづらいカタカナ、専門用語を減らすことなら、意識すればできると思います。

たとえ話を上手く使い、
難しい話を
わかりやすく表現する。

PART 3

13

登場人物になりきる

聞き手をひきつける話し方のテクニックには、たとえ話の他にどんなものがあるでしょうか。

相手が身を乗り出して聞きたくなるような話し方を、プロ中のプロから学べたことがあります。プロ中のプロというのは、落語家の林家木久扇さんです。

喉頭がんを告知されたときは、驚きました。頭の後ろから棒でポカン！　コウトウ（喉頭）ガン！

番組冒頭から木久扇さんはこんなふうに笑わせました。テーマは「がんの予防と治療法」です。２０００年に胃がん、２０１４年に喉頭がんと、２度がんを克服した木久扇さんに、その体験をうかがう回でした。

木久扇さんの話し方には学ぶところがたくさんあり過ぎて書ききれないのですが、そのなかにマネできるかもしれないと思えるものがひとつありました。

それは、エピソードを語るときに、登場人物になりきる、ということです。

木久扇さんは、冒頭はユーモア交じりでしたが、喉頭がんが判明してからは、落語家廃業も頭をよぎり、「恐怖と不安の日々」だったと語りました。家族やお弟子さんたちを抱えながら、無収入の生活が続くことへの不安。そしてテレビで自分が休んでいる「笑点」を見ながら、自分の席が誰か別の人にとってかわられるのではないか、気が気じゃなかったと当時の心情を吐露しました。

さらに、放射線治療が完全に終わったのに、待てど暮らせど声が出ない。「もしかしたら一生声が出ないかもしれない」と、木久扇さんの不安は募っていきます。そんな中、ついに2週間半後、木久扇さんに声が戻る瞬間が訪れました。そのときのことを、木久扇さんはこのように話しました。

声が出たのはどんなきっかけだったんですか

朝起きたときにね、毎朝うちのおかみさんがね、『お父さん、おはよう』っていうんですよ。それでね、9月21日の朝、『おはよう』って言ったんですよ。『あ、お父さん声が出たわよ。わぁ、うれしいわ。私ね、結婚して以来、こんなうれしかったことないわよ』と涙目でね。『お父さんの声が出たわよ！』って掃除しているお弟子さんを呼んで。『声が出たんだよ』って言ったら、お弟子さんたちが、『あ、師匠、声が出ましたよ』。『そうなんだよ、今朝、出たんだよ』。それからもう、うれしくてうれしくてね。あぁ、声が戻るってこれだなって思いましたね

木久扇さんが奥様やお弟子さんとの会話口調で話してくださったおかげで、普段のやりとりや関係まで容易に想像でき、声が出たときの情景がイキイキと伝わってきました。「結婚以来のうれしさ」と涙ぐんだ奥様とお弟子さんたちに囲まれている木久扇さん。私

は、まるでリビングでその瞬間に立ち会ったかのような気さえして、感動しました。

このエピソードを、

ある朝、妻におはようと言ったら声が出て、妻も喜んでくれて。お弟子さんも集まってきてうれしかったんです

というように、普通に話をした場合と比べると、感動のレベルも違うでしょう。身を乗り出して、もっともっと聞きたくなる。聞き手をひきつける話し方です。

あなたも、上司や部下へ何か出来事などを報告する際、たとえば怒られた、褒められた、驚いたなど、**重要シーンの描写に、人物を登場させながら、その人の口調や雰囲気を再現するように話してみてはいかがでしょうか。**

エピソードを語るとき、
登場人物の口調や
雰囲気を再現する。

PART 3

14

上手な褒め方、褒められ方

この人、本当に親切だな。話がおもしろいな。知識が豊富で、人間的にも素晴らしいな。

相手の言動や振る舞いに素直に感動したときに、その気持ちを効果的に伝えるための「上手な褒め方」について考えてみましょう。

すぐに思いつくのは、率直に相手に「お話が本当におもしろかったです」とお伝えするという方法だと思います。でも、失礼にならない表現に迷ったり、相手が謙遜して居心地が悪そうになったりと、褒め言葉を直接相手に伝えるのは、案外難しいものではないでしょうか。

そこで、提案したいのが、**「あえて相手に言わない」**という方法です。

相手が話を終えてその場から立ち去ろうとしているとき、**「いまのお話、おもしろかったなぁ〜!」と〝大きな独り言〟を言ってみる**(もちろん、心からそう思ったときだけですよ)。

あるいは、その人がいない場所で、「いい評判」として第三者に伝えてみる。

独り言や第三者への伝達は、なんらかの形で本人の耳に入ったときに、本人に直接伝えるよりもずっと〝本音〟として受けとめられるはずです。

では、逆に相手から褒められたときの適切な態度とは?

たとえば

今日のブラウス、とってもきれいですね

と言われたとしたら。

謙虚な方は特に「そんなことないです」「ただの安物なんです」などと否定してしまいがちですが、それでは褒めてくださった相手を否定しているように受けとめられかねません。

褒め言葉をいただいたときにはまずは〝感謝〟。

さらに、もうひとことを添えてこんな返しがいいと思います。

ありがとうございます。
オシャレな田中さんにそう言っていただけてとてもうれしいです

そして、どこで買ったかなどの情報も添えると、さらに会話も発展していきます。
〝褒められ上手〟な方は、話していてとても気持ちがいいものです。

褒めるときは、あえて直接伝えないというのも効果的。褒められたときは、しっかり受けとめる。

PART 3

15

注意をするなら、「もったいない！」

言いにくいことをスマートに、相手の気分を害することなく伝えられるとしたら、まさにコミュニケーション上手な大人といえるでしょう。

「あなたはこうしたほうがいいです」「こうすべきです」なんて、ストレートに言われたらどう感じますか？　自分の改善すべきところを指摘されてご機嫌になる、なんて方はなかなかいません。たいていの方は、「ムッ」としてしまうはずです。

特に年配の男性や役職がついている方々は、プライドが高い傾向がありますので、目下の人からの指摘には素直に耳を貸さないどころか、「失礼だな、けしからん！」と火がついてしまうことも。

相手を怒らせたくない。でも、これだけは言っておかなければ。

そんなときに大活躍する魔法の言葉がこれです。

「もったいない」

実際に比較してみましょう。

佐藤さん、さっきのプレゼン、ちょっと早口になっちゃっていましたね。
でも、よかったですよ。おもしろかったです！

佐藤さん、さっきのプレゼンよかったですよ。おもしろかったです！
でも、もったいないなぁ。ちょっと早口になっていたでしょう

いかがでしょうか。順番を変え、「もったいない」を入れたかどうかの違いだけしかなく、言っていることはまったく同じです。でも、受ける印象はかなり違うように感じるのではないでしょうか。

肯定から入る、というテクニックとの合わせ技でもありますが、「もったいない」という言葉には、**「あなたは素晴らしいのにここだけが惜しい」という敬意**が含まれます。

指摘し、改善をうながすニュアンスを含みながらも、ベースにあるのは相手へのリスペ

クト。こんなに便利な言葉がある日本語って素晴らしい！　と感動さえ覚えます。
ほかにも、言いにくいことを伝えるときには、こんな言葉も使えます。

あなただから言うのだけど

期待しているからこそ言わせてね

言いにくいことだけど、**大事なことだから**言っていい？

これらの言葉に含まれるのはすべて、「あなたのことを大切に思っています」というメッセージです。

だからこそ、言われた相手も、気分を害することなく、注意・指摘を受け入れる準備が整うのです。しっかり構えたうえで受けとめるから、思ったほどは痛さを感じないかもしれません。

まずは、言いにくいことの印象をやわらげる素敵な言葉の代表格「もったいない」を、あなたの心の引き出しに入れておいてください。

リスペクトを示しつつ指摘する魔法の言葉「もったいない」。

PART 3

16

悩んでいる人には「マイナスの同調」から

明らかに元気がない友だち。最近、異動したばかりで大変そうな後輩。家族の介護が始まったらしい同僚。顔色が冴えない新入社員。

そんな相手と会ったとき、どんな声掛けをしていますか？

どう?慣れた？

最近、順調？

元気でやってる？

こんなふうに、〝前向き〟の質問から入る方が多いのではないでしょうか。もちろん仕事が順風満帆で元気溌剌な新入社員なら、「ハイッ」と明るい返事が返ってきて、おしまいですよね。期待どおりの答えに一安心するはずです。

でも、ちょっと待ってください!!

もし周囲に言いづらい悩みを抱えている場合、この質問では、「いいえ、順調ではありません」「いいえ、元気ではないのです」と相手の言葉を否定しなければなりませんし、それはちょっと言いにくいのではないでしょうか。相手が目上の立場であればなおさらです。

本当に心が弱っている人にとっては、質問に「そうではないのです」と否定して返すことにすら、たいへんなエネルギーを必要とするのです。

では、先ほどの質問をあえて〝マイナスの同調〟の声掛けにしてみるとどうでしょうか。

どう？ まだ慣れないよね？

最近、忙しいから上手くいかないこと多いんじゃない？

そろそろ疲れが出てきたんじゃないの？

こちらの場合、「そうなんです、実は……」とぐっと本音が言いやすくなります。相手が自分に寄り添って聞いてくれると感じて、心が開いていくようなのです。

つまり、落ち込んでいる人への声掛けには、いつもの声掛けを否定形にするだけでいい。

ついつい「大丈夫？」「元気？」と、励ましのつもりで聞いてしまいますが、**「大丈夫じゃないよね」「元気、じゃないよね」と否定形に変えて、〝マイナスの同調〟にする。**

同じ立場に寄り添って、小さな声を代弁してあげることから始めれば、あなたも悩み相談の聞き上手になれるかもしれません。

落ち込んでいる人には、否定形で声をかける。

PART 3

17

ピンチを救う「私もよ」

大勢の前でとっても恥ずかしい事態に陥ってしまい、「もうこの場から消えてしまいたい！」という心境になったことはありませんか？　私にはあります。

でも、そのときにかけられた見事な〝救いのひとこと〟でピンチを切り抜けられました。私にとって忘れられない経験です。

それは、私のためにとても偉い方々がお集まりくださった食事会での席のことでした。豪華なフランス料理店で、めったにお会いできないような方々から、直接激励の言葉をいただきながらの食事。最初からガチガチだった私は、緊張からだんだんとお腹が痛くなってしまい、とうとうデザートが出たタイミングで席を立ってしまいました。

トイレの個室の中で「落ち着け、落ち着け」と気持ちを整えようと焦るほどに、お腹は痛くなるし、顔まで真っ赤になってきました。

今頃、テーブルでは、デザートに火を灯すデモンストレーションで盛り上がっているはずです。本当は私もそこにいるべきなのに……と、心臓から汗が出そうです。

ようやく落ち着いて席に戻ることができましたが、「心配されているだろうな」「どういう顔で戻ったらいいのかな」と、また緊張の波が押し寄せてきました。

するとその瞬間、すかさず、

私もあったのよ～

声の主は、女性の重役でした。

お腹が空いているときに急に食べると、お腹が痛くなっちゃうこと、あるのよね。私もあったの

私が恥ずかしいと思っている状況を、差し障りのない説明でさりげなく代弁してフォローし、「私も同じ経験をした」とご自身を重ねてくださったのです。このひとことで、どれだけ救われたかわかりません。

このとき、「大丈夫？」「もう帰ったほうがいいんじゃない？」といった同情の言葉をかけられていたとしたら、私はかえって恐縮して困惑してしまい、その場の雰囲気を悪くしてしまっていたかもしれません。「私もよ」のひとことが、私をその場に自然に戻してくれたのです。

さらに、感動したのはこの後に続いた言葉でした。

パパ・ブッシュも、晩餐会の席で気持ちが悪くなって倒れたことがありましたよね

この振りで、その場にいた会社社長はじめみなさんも興味を持ち、話題はブッシュ元大統領へと移っていきました。

「私もそうだった、パパ・ブッシュもそうだった」という鮮やかなフォローによって、私の失態は〝話題〟のきっかけへと発展していきました。

このときの感謝の気持ちは忘れませんし、私もそうありたいと胸に刻んだ経験です。

そして、このときから私も、

「私もよ」の声掛けを他人にもするようになりました。

たとえばメールが誤送信されてきたとき。

送信した方は取り返しがつかない事態に恥ずかしさでいっぱいのはずです。そんなときは気づいたらすぐに

「○○様あてのメールが届きましたが、お間違いではないでしょうか。こちらで削除しておきますので、どうぞご安心ください。私もうっかりしちゃうことがよくあるので、私も気をつけます！」

なんてメールを送ってフォローしてあげています。

恥ずかしい思いをしている人には、「私もよ」の声掛けを。

COLUMN 3

会話上手はメモ上手

スマートな話し手はメモもコンパクト

文を短く区切って、ハッキリ話す。「コンパクトはインパクト！」というテクニックについて本パートで触れました。

言いたいことの要点を絞ってムダを省き、過不足なく相手に伝える。そんな話し方の名手といわれる方々を番組のゲストにお迎えしたとき、その手元にある〝メモ〟にもある共通点があることに気づきました。

コンパクトに話せる方々のメモはたいてい「コンパクト」なのです。

「今日は上手く話さなきゃ」「あれもこれも、何か聞かれたときにはしっかり答えないといけないいな」と力が入ると、手元の資料もたくさん用意したくなるという心理、わかります。実際、Ａ４の紙にびっしりと細かい字で書かれた資料の厚い束を、手元に置いて話す方もよくいらっしゃいます。

でも、いざ話すときにその分厚い資料をめくって見ていらっしゃるかというと……、ほとんど見ていません。つまり、資料として〝使えていない〟のです。

なぜ使えないのか。それは、きっと瞬時に理解しやすい形になっていないからだと思います。

元外交官の宮家邦彦さんは、『深層ＮＥＷＳ』で、私が最も多くお招きしたゲストです。この番組に限らずテレビ、ラジオ、雑誌とさまざまなメディアで宮家さんが引っ張りだこである理由は、そのお話が明快でわかりやすく、そして、いつも新しい情報と視点を提供してくださるアウトプットの豊かさがあるからです。

「何度もお話をうかがっているのに、一度も同じ話を聞いたことがない。毎回『なるほど！』と深くうなずけるニュースの論点があるのはどうしてなのか」と私は宮家さんの情報整理能力にいつも感動していました。

そんな宮家さんの手元にあるメモは、いつもコンパクト。手のひらサイズのメモパッドに箇条書きで数行だけ。枚数も1～2枚です。1時間の番組で話し切れる分量のポイントだけを書いていらっしゃるようでした。

宮家さんの著書によると、日頃から情報整理のためにメモを活用しておられるとのこと。おもしろい情報に出合ったり、アイディアが浮かんだりしたとき、すぐに〝瞬間冷凍〟できるようにメモをいつでも持ち歩き、枕元にも置いているそうです。

そして、アウトプットをするときにも要点を絞ることを心がけ、プレゼンテーションのときに使うパワーポイントのスライドも「メッセージは1枚にひとつ」「細かい文字をたくさん書かない」と決めているそうです。

宮家さんにあらためてメモ術について聞いてみると、「最も重要なのは、自分がしゃべる言葉にパワーを乗せること。大量の資料を見ると、話し言葉ではなくなり、自分の言葉に力が乗らなくなってしまう」とのことでした。

さらに、メモの「内容」だけではなく「時間」も意識されていて、メモの上半分だけで約20秒から30秒、1枚全部で50秒から1分話すことを目安にしているそうです。「テレビやラジオで2分もしゃべるとみんな飽きてしまうんですよ。とっさにコメントを振られても、瞬時に話す長さを調整できるからね」。

これには脱帽です。「聞き手ファースト」を貫く一流の技術を教わりました。

明治大学教授の海野素央さんも、コンパクトメモ術のお手本になる方です。海野さんは心理学博士で異文化コミュニケーションの専門家。アメリカ大統領選の際には、トランプ、クリントン両氏の演説を、話す内容のみならず、表情や動作からも詳しく分析していただきました。

その海野さんがスタジオにお持ちになるメモは、ハガキ大のサイズ。カード式になっていて、イメージしていただきたいのは〝小っちゃな紙芝居〟です。ひとつの項目につき1枚ずつ用意され、大きめの文字で2つ、3つの箇条書き。そして、裏には書かず、表面にだけ書いているので、「めくる」という作業が生じません。

手元にサッと視線をやるだけで短いセンテンスの文字が入ってきやすい。「あれはどこに書いたっけ？」とメモが行方不明になることもない。だから、落ち着いてわかりやすい話ができるのだそうです。

また、項目ごとに紙を分けているので、紙を並べ換えることで話の構成を立てやすく、話を戻すときにも役立つとのこと。大学の授業でもいつもこのスタイルをとっているということに納得しました。

そのメモの紙自体も、なんと約20年間から愛用しているアメリカ製のものがあり、出張のたびに大量に買って帰るそう。そんなこだわりも、メモ活用を楽しむポイントかもしれませんね。

「次につながる」メモを

メモは、自分が話す内容をあらかじめ書いておくだけのものではありません。会話の中でわかった相手についてメモしておくことによって、次につなげていくことができます。

仕事上のおつきあいの方と、打ち解けた雰囲気で会話を楽しんでいるときに、ふと、大切にしている趣味や子どもの頃の思い出など、人となりが伝わってくるような話を相手がしてくれることがあります。

あるいは、「孫がもう中学生になってね」「妻はこういう仕事をしていまして」といった、ご家族の構成やプロフィールがわかる情報を口にすることもあると思います。

そのときは、「そうなんですね」と話をうながし、相手に気持ちよく話をしてもらいながら、心の中で記憶にインプット！

トイレに立ったときや帰りの電車の中など、記憶が薄れないうちに、いつでも見返せるメモとしてすかさず記録しておくのがおすすめです。

私の場合は、もっぱらスマートフォンのメモ機能を活用しています。

その方のお名前をタイトルにして、その日の会話で教えていただいた情報を後から参照できるように箇条書きで記入しておくのです。

・ゴルフが好きな方であれば、お気に入りのコース
・お子さんやお孫さんの年齢や部活動
・ビジネスをなさっている方であれば、事務所の開設年
・最近の旅行歴や予定
・出身地や故郷での思い出
・仕事の失敗談や成功談

などなど。

どれもささやかな情報かもしれませんが、その方にとって「大切なこと」です。大切なことを私に話してくださったという感謝があります。

次に会える機会がつくれたら、メモで予習したうえで、「お孫さんはテニス部でしたよね。夏の大会は出場されたんですか？」と話を振ると喜ばれます。

一度話したことを覚えてくれていた、というだけで心の距離がぐっと縮まるのです。

私自身、記者として政治家を取材するときにも、政治の仕事とは直接は関係ない、〝原稿にならないこぼれ話〟までメモをしていました。人としてその人物を理解する材料になりますし、いつか役立つことがあるかもしれないからです。

また、ある大企業の重役の方は、「親父が戦争に行ってたから、戦争の話を聞くと親父の顔が浮かぶんだよ」とポツリとおっしゃって、お父様との思い出話をしてくださいました。こういったお話は、「あのときのあの話、忘れたのでもう一度お願いします」と頼めるものではありません。

聞けるのは一度きり、という気持ちで、教えていただいたことをインプットすることも、信頼関係につながっていくと思います。

こういうシリアスな話は、お話をされている間はじっくりと聞くことに集中して、メモは後で。

一方、飲み会などカジュアルな席で「おすすめの日本酒」「美味しかったお店」といった情報が出たら、その場でスマートフォンを取り出してメモしてもいいと思います。「忘れちゃうので、メモをしてもいいですか？」とお断りしたうえでなら、相手も喜んで「いいよ、いいよ。漢字はこういうふうに書いて……。ほら、このサイトだよ」と教えてくれるはずです。

そして次に会ったときには、「先日教えていただいた日本酒、飲んでみました。本当に美味しかったですよ～」とつなげられると最高です。

「次につなげる」という目的を意識するだけで、メモの〝使える度〟はぐんと増すのです。

おわりに

本書を最後まで読んでくださったみなさま、本当にありがとうございました。

最後にひとつだけお伝えしておきたいことがあります。

本書のタイトルは『3秒で心をつかみ　10分で信頼させる聞き方・話し方』でした。一方で、逆説的ではありますが、10分で信頼を得ることは難しい、とも思っています。

それは特に、報道の現場で働くキャスターや記者にとって、取材相手との信頼を築くのは一朝一夕にはできず、時間がかかる場合もあるからです。

そんなエピソードが私にはありました。

1995年1月17日に起きた阪神・淡路大震災。当時読売テレビの記者だった私は、被災地・兵庫県西宮市で9歳の少年と出会いました。少年は、ただ一人の家族だった母親を失って震災遺児となり、60歳の祖母に引き取られていました。

少年が母親と2人で住んでいたアパートは激震に襲われ、倒壊しました。

午前5時46分。

大きな揺れを感じた瞬間に、少年に母親が覆いかぶさってきました。2人は生き埋めになりました。身動きができないなか、少年がかろうじて動かせたのが右手だけ。その小さな右手で、母の手を握りしめました。しかし母の手はだらりと力がなく、次第に冷たくなっていきました。その冷たさを感じながら少年は助けを待ち、6時間後に救出されました。


母は命をかけて息子を守ったのです。


少年はショックからか口数も少なく、心を閉ざしていました。ずっと独りでチラシの裏に漫画を描いて過ごし、出会った当初、私に目を合わせることもありませんでした。

放送を終えた後も、おつきあいが続きました。

祖母と少年、2人の生活は容易ではありませんでした。祖母に反抗し、口を利かず部屋にこもり、不登校になった時期もありました。世話好きで明るい性格の祖母から「育て方がわからない」と私に愚痴をこぼすお便りも届きました。それでも祖母は励まし続け、絵が好きな少年は美術大学に進学したのです。

長いつきあいになっていたものの、実は私は、彼の口から震災体験を聞いたことはありませんでした。「私が問いかけることで、再び彼の心を閉ざしてしまうのでは」という不安にかられ、どうしても聞けませんでした。初めて聞いたのは彼が28歳になって再会したとき。彼が描いた絵の中に、手がモチーフになったものを見つけ、「お母さんの手が、この中にあるのだろうか」と息をのんで見入ってしまいました。そのとき、彼が初めて辛い記憶を私に語ってくれたのです。出会ったときから19年が経っていました。

キャスターや記者は、聞きにくいことを聞き、他人の心の奥深くに入っていかねばならないときがあります。相手との距離に悩みながら。「私だったら、私の家族だったら」と自問しながら。相手の心の扉を開くのは、ゆっくりと時間をかけなければいけない場合があることを、私はこのとき学びました。

本書でお伝えしたとおり、コミュニケーションをよくするためには、言い回しなどテクニックがたくさんあり、活用次第で相手との関係を深められることは間違いないと思います。ただ、大切なことは、心から相手を受け入れ、共感し、リスペクトすること。本当の信頼はそこから得られるのだと思います。

みなさまがこの本で紹介したテクニックを入り口にして、さまざまな方と信頼関係を醸成し、人生を豊かにすることができれば心からうれしいです。そんな気持ちでこの本を書かせていただきました。

本書を書くにあたり、大阪での駆け出し記者時代からロンドン特派員、政治部記者、そして日本テレビでキャスターになってからの日々をあらためて思い返しました。私を育ててくださった読売テレビ、日本テレビの上司、同僚、スタッフ、多くのみなさまにこの場を借りて心から御礼を申し上げます。

日テレ学院学院長の木村優子さんには、キャスターの専門的な技術から心構えにいたるまで教えていただきました。演出指導として、元劇団四季俳優で日テレ学院専任講師の国友淑弘さんにも本当にお世話になりました。国友さんの素晴らしいレッスンに出会えたことは、私の大きな転機となりました。深く感謝申し上げます。

そして、執筆の機会を与えてくださったディスカヴァー・トゥエンティワン干場弓子社長にお礼を申し上げます。「１７００名もの方の話を聞くなんて経験をした女性はほかにいないから、ぜひ書いてみて」と励ましていただいた日のこと、鮮明に覚えています。本書をまとめるにあたり、堀部直人さん、宮本恵理子さんにも助けていただきました。そして干場社長に引き合わせてくださった名古屋商科大学教授大槻奈那さんにも心よりお礼申し上げます。

この本は私の初めての著書です。亡くなった両親にもこの本を見せたかったです。

最後に、休日のたびに原稿書きに追われている私を応援し、いつも最初の読者となってくれた夫に感謝の言葉を贈りたいと思います。

心からありがとう。

２０１７年11月　小西美穂

3秒で心をつかみ 10分で信頼させる聞き方・話し方

発行日　2017年11月10日　第1刷
　　　　2019年12月25日　第3刷

Author　小西美穂

Book Designer　西垂水敦（krran）

Publication　株式会社ディスカヴァー・トゥエンティワン
〒102-0093　東京都千代田区平河町2-16-1 平河町森タワー11F
TEL　03-3237-8321（代表）
FAX　03-3237-8323
http://www.d21.co.jp

Publisher　干場弓子
Editor　干場弓子＋堀部直人（編集協力：宮本恵理子）

Editorial Group　千葉正幸　岩﨑麻衣　大竹朝子　大山聡子　木下智尋　谷中卓
林拓馬　藤田浩芳　松石悠　三谷祐一　安永姫菜　渡辺基志

Marketing Group　清水達也　佐藤昌幸　谷口奈緒美　蛯原昇　青木翔平　伊東佑真
井上竜之介　梅本翔太　小木曽礼丈　小田孝文　小山怜那　川島理
倉田華　越野志絵良　斎藤悠人　榊原僚　佐々木玲奈　佐竹祐哉
佐藤淳基　庄司知世　高橋雛乃　直林実咲　西川なつか　橋本莉奈
廣内悠理　古矢薫　三角真穂　宮田有利子　三輪真也　安永智洋
中澤泰宏

Business Development Group
飯田智樹　伊藤光太郎　志摩晃司　瀧俊樹　野﨑竜海　野中保奈美
林秀樹　早水真吾　原典宏　牧野類

IT & Logistic Group
小関勝則　大星多聞　岡本典子　小田木もも　中島俊平　山中麻吏
福田章平

Management Group
田中亜紀　松原史与志　岡村浩明　井筒浩　奥田千晶　杉田彰子
福永友紀　池田望　石光まゆ子　佐藤サラ圭

Assistant Staff　俵敬子　町田加奈子　丸山香織　井澤徳子　藤井多穂子　藤井かおり
葛目美枝子　伊藤香　鈴木洋子　石橋佐知子　畑野衣見　宮崎陽子
倉次みのり　川本寛子　王廳　高橋歩美　滝口景太郎

Proofreader　文字工房燦光
DTP　朝日メディアインターナショナル株式会社
Printing　日経印刷株式会社

ISBN978-4-7993-2189-8